하늘 가는 순례자

존 번연 지음

문정일 옮김

도서출판 세복

세계복음화문제연구소
(The World Evangelization Research Center)는
한국 교회가 세계 복음화를 위하여
한 모퉁이를 담당해야 한다는 사명으로 사역하고 있습니다.

하늘 가는 순례자

지 은 이 존 번연
옮 긴 이 문정일
초판 1쇄 2022년 02월 10일

발 행 처 **도서출판 세 복**
주 소 경기도 파주시 문발로 123
전 화 070-4069-5562
홈페이지 http://www.saebok.kr
E-mail werchelper@hanmail.net
등록번호 제1-1800호 (1994년 10월 29일)

총 판 처 솔라피데출판유통
전 화 031-992-8691
팩 스 031-955-4433

ISBN 978-89-6334-035-7 03230
값 7,000원

CHRISTIAN CLASSICS

하늘 가는 순례자

THE HEAVENLY FOOTMAN

"천로역정"의 저자

존 번연

John Bunyan

The Heavenly Footman

A Description of

The Man that Gets to Heaven

John Bunyan

Originally published in the U. S. A.
The Institute of Evangelism
Billy Graham Center
Wheaton, Illinois
Published by permission
Saebok Publishing House
Seoul, Korea

차 례

서 문

존 번연John Bunyan!

그 이름은 불러보기만 해도 어떤 신앙의 원리나 복음의 고결성高潔性에 대한 생각이 마음에 떠오른다. 그 이름은 우리로 하여금 지금까지 씌어진 많은 고전古典 중에서 가장 유명한, '제2의 성경'이라고 할 수 있는 「천로역정」Pilgrim's Progress을 생각나게 해 준다.

존 번연은 그런 영적인 명작을 만들어 낸 "꿈을 꾸는 사람"이었다. 한 사람의 남편이요, 설교자요, 복음 전도자요, 작가였던 존 번연은 「천로역정」을 통해서 그 당시 뿐 아니라 현 시대에 살고 있는 우리들을 위해서 천국으로 여행하는, 한 그리스도인의 순례하는 바른 길을 모형화한 것이었다.

존 번연, 그 사람

존 번연은 1628년 11월 30일 영국, 베드포드Bed-ford 근처, 엘스토우Elstow라고 불리는 마을에서 태어났다. 그의 부친 토마스 번연Thomas Bunyan은 '땜장이', 즉 항아리나 냄비 등을 수선하는 사람이었다. 그의 아버지는 첫 번째 아내를 잃고 나서 마가렛 벤틀리Margaret Bentley와 재혼을 했는데 이 두 사람 사이에서 존 번연이 태어났던 것이다. 공교롭게도 존 번연은 베드포드 감옥에서 1마일 밖에 떨어지지 않은 곳에서 태어났는데, 그 감옥은 그가 훗날 12년 가까운 세월을 보낸 곳이요, 또한 「천로역정」을 쓴 곳이기도 하다.

존 번연은 많은 자신의 청교도 친구들과는 달리 고등 교육을 받지 못하였다. 그는 고전 문법학교에 다니면서 읽기와 쓰기를 공부하였으나 아버지의 장사하는 일을 배우기 위해서 학업을 중단하게 되었다. 그러나 그가 충분한 교육을 받지 못했다고 해서 학자나 문인이 되는데 장애가 되지는 않았다. 그는 온갖 종류의 책들에 대해서 대단한 애착을 가지고 많이 읽었으며, 특히 모험에 대한 책들을 좋아했다.

존 번연의 가정은 누가 보더라도 유복한 편은 못 되었다.

그러나 그의 가족들이 재정적으로 곤란했던 것은 그들의 조상으로부터 물려받은 결과였다. 1644년 존 번연이 16세였을 때, 5개월 사이에 일련의 사건들이 터져서 그에게 있어 가정이니, 가족이니 하는 개념이 온통 큰 변화를 겪게 되었다. 1644년 6월 존 번연의 어머니 마가렛이 세상을 떠나게 되었고, 7월에는 역시 마가렛이라는 이름을 가졌던 그의 누이가 죽게 되었다. 8월에는 그의 아버지 토마스 번연이 재혼을 하게 되고, 11월에는 존 번연이 영국군에 징집되어 3년을 복무하게 되는데, 이 기간 동안에 영국 전역은 내란에 휩싸이게 된다.

비록 존 번연이 이 내전에 적극적으로 참여하지는 않았지만, 그의 군대 경험이 최소한 두 가지 고귀한 목적에 도움을 주었다. 첫 번째는 한 가지 사건과 관련이 있는데, 이 사건이 그로 하여금 아마도 생전 처음으로 하나님을 바라보게 하는 동기가 되었던 것 같다. 존 번연은 어느 특정한 직책을 맡도록 명령을 받았으나 그의 한 동료 군인이 자신과 직책을 교체해 달라고 부탁하여 그는 이것을 허락하였다. 그런데 존 번연과 자리를 바꾼 그 친구가 적군의 소총 사격에 그만 목숨을 잃고 말았다. 젊은 존 번연은 그리스도인은 아니었지만, 그가 죽을 뻔한 이 사실이 하나님께서 그에게 장래에 어떤 큰일을 맡기시기 위해 은혜로 그를 지켜 주신 것이라고 확신하게 되었다. 지금 이 시점時點에 와서 우리는 그의 추측이 정확했음을 깨닫게 된다. 하나님께서는 하나님의 나라를 위해서 한 가지가 아니라 수없이 많은 사역使役들에 그를 사용하셨기 때문이다. 두 번째로 군사 작전에서 존 번연이 얻은 경험과 훈련은 그의 유명한 두 번째 우화집寓話集, 「거룩한 전쟁」The Holy War을 집필할 때, 그가 인용할 수 있었던 직접적인 정보원情報源이 되었다. 존 번연이 이 작품에서 표현한 생생함과 자유로움은 그가 직접적으로 군대 경험에서 얻은 것이었다. 존 번연의 생애 속에서 하나님의 섭리는 여러 가지 면에서 예수 그리스도를 통하여 하나님의 은혜로운 구원의 사역을 설명하기 위해 그가 끌어내려는 원천源泉, 바로 그것이었다.

풍성한 은혜

존 번연이 군복무를 마친 지 2~3년이 지나서, 그가 땜장이 노릇을 하고 있을 때, 그는 불쌍한 고아인 여성과 결혼을 했는데, 그녀의 이름은 알려지지 않고 있다. 하지만 한 가지 분명한 것은 그녀가 신앙적인 교육을 받은 사람이었다는 사실이다. 한편 존 번연은 그의 유명한 자서전인 「죄인의 괴수에게 넘치는 은혜」Grace Abounding to the Chief of Sinners에서 그 사람도 우리와 똑같이 죄악된 인생길에서 죄를 짓고 있음을 밝히고 있다. 존 번연은 자기 자신에 대해서, 또 다른 사람들도 그에 대해서 확언하기를 그는 하나님에 대해 매우 불경스러웠고 모독적이었다고 고백하고 있다. 존 번연과 하나님을 경외하는 그의 아내는 네 명의 자녀를 두었는데, 제일 큰 아이인 메리Mary는 앞을 못 보는 맹인이었다.

하나님의 섭리로, 신앙심이 돈독한 존 번연의 아내는 결혼하면서 두 권의 신앙 서적을 가져 왔는데, 이것이 어지러웠던 그의 삶 속에 복음의 씨앗을 뿌렸던 것이다. 그 두 권의 책이란 청교도 작가 아서 덴트Arthur Dent가 쓴 「평범한 사람이 천국에 이르는 길」The Plain Man's Pathway to Heaven이고 또 다른 하나는 루이스 베일리Lewis Bayley가 쓴 「경건」The Practice of Piety이었다. 이 두 권의 책을 읽자마자 존 번연은 그가 충족시키고 싶어했던 어떤 신앙적인 동경憧憬으로 정신이 번쩍 들었다. 그러나 그는 신앙을 겉으로만 신봉하면서 자신의 영혼의 갈증을 만족시키려고 했던 평범한 실수를 범하고야 말았다. 그는 열심히 교회에 다녔고 성실하게 하나님을 찬양했지만, 그의 죄악된 삶은 그대로 지니고 있는 상태였다. 그는 아직 그리스도가 그를 구원하기 위해서 여러 가지 일을 행하셨고 또한 죽으셨다는 사실을 완전히 믿지는 못하고 있었다. 또한 그는 예수님이 성령으로 태어난 사실도 이해할 수가 없었다.

이 모순된 삶의 모습은 존 번연을 무겁게 짓눌렀고, 그는 돌처럼 굳어져 가고 있었다. 그가 외견상 신앙심이 돈독해 보였음에도 불구하고, 그는 저속한 욕설을 말한 것으로 인해서 신앙심이 전혀 없는 한 여인에게 심한 비난을 받기도 하였다. 이와 때를 같이 하여 그에게 한 조언자가 있었는데, 그는 존 번연에게 영적인 방향을 잡아 갈 수 있도록 성경을 권하기도 하였다. 이렇게 해서 성령의 인도함을 받아 존 번연은 성경을 연구하기 시작하였고, 드디어 그는 성경을 통해서 예수 그리스도가 그 자신을 부르는 소리를 들을 수 있었다. 어느 날, 성요한교회St. John's Church 근처에 있는 베드포드로 가는 길에 존 번연은 몇 명의 가난한 여인들이 밖에 나와 앉아서 대화하는 소리를 엿듣게 되었다. 그들은 자유로움에 대하여, 또 최후의 그리스도의 역사役事하심에 대하여, 또 그리스도가 그들의 삶

속에 가져다 주신 구원의 은총에 대하여 이야기하고 있었다. 존 번연은 그 여인들이 하나님의 영광과 경이로움에 대하여, 그리고 예수 그리스도의 의義로 이어지는 그들의 부활에 대해 말하고 있는, 그 가슴 벅찬 이야기에 깊이 감동을 받았다. 그들의 성스러운 대화의 주제에 매혹되어서 존 번연은 잠시 후, 더 많은 영적인 양식을 얻고자 이 신앙심 깊은 여인들을 다시 방문하게 되었다.

존 번연은 베드포드에 있는 독립교회파 집회에 참석하기 시작하였는데, 그 신앙심 깊은 여인들이 바로 이곳에 속해 있었다. 그 교회는 존 기포드 벨렛John Gifford Bellett의 가르침과 지도를 받고 있었다. 존 번연이 자기 자신의 죄와 그 죄로 인해 하나님 앞에 죄인된 것을 깊이 인식하게 된 것은 바로 이곳에서였다. 그 교회는 그리스도와 신성神聖이라는 단순한 메시지를 전하고 있었다. 이 두 가지 주제는 존 번연으로 하여금 두 가지 커다란 필요성에 직면하게 했다.

이 무렵 그는 책 한 권을 선물로 받았는데, 이 책은 성경 다음으로 그에게 도움을 주었다. 그 책은 다름 아닌 마르틴 루터Martin Luther의 「갈라디아서 주석」Commentary on Galatians이었다. 존 기포드 벨렛과 마르틴 루터를 통한 두 가지 조언과 영감을 통한 하나님의 말씀의 권고하심에 따라 존 번연은 자신의 죄 지은 양심으로 인해, 영혼이 거의 쪼개지는 듯한 갈등을 겪게 되었다. 그가 비록 얼마 동안 자신의 죄와 싸움을 하였으나 존 번연은 자신의 구원을 위한 예수 그리스도의 완전한 의로우심을 믿기 시작하였다. 한 번은 그에게 어떤 생각이 떠올랐는데, 그때의 생각을 그는 이렇게 적고 있다.

"주님의 의로우심이 하늘나라에 있나이다…. 나는 내 영혼의 눈으로 예수님께서 하나님의 오른편에 앉아 계신 것을 보았나이다. 더구나 나의 의로움이 호전好轉된 것이나 나의 약한 몸이 악화되지 않은 것도 내가 마음씨가 착해서가 아님을 깨닫게 되었나이다. 나의 의義는 예수 그리스도 바로 그분이시니 그분은 어제나 오늘이나 영원히 동일하신 분이시니이다. 지금 나의 족쇄가 정말로 내 다리에서 떨어져 나갔으니, 나는 내 모든 고뇌와 모든 속박으로부터 자유로워졌나이다."

존 번연은 여전히 때로는 의심으로, 때로는 유혹으로 괴로워하고 있었다. 그는 또 악성 질병으로 고통을 받기도 했는데, 이것은 그가 영원한 문제들에 대해 더욱더 심취하게 해 주었다. 그는 정말로 그 신앙심이 돈독한 여인들이 말한 바,

새로운 탄생을 경험하게 된 것이었다. 그리스도는 믿음으로 얻은 그의 소유였고, 거룩은 새로운 형태의 그의 삶이었다. 하나님께서는 존 번연의 영원한 유산을 해결해 주셨으며, 더욱 여러 해 동안 사역하며 도전할 수 있도록 그를 준비시키고 계셨던 것이다. 존 번연은 베드포드에 있는 교회에 등록하고, 존 기포드 벨렛으로부터 1653년에 세례를 받았다.

존 번연의 순례 행진

분명한 복음을 선포하는 데 있어서 존 번연의 재능은 탁월하였다. 놀라울 정도의 성경을 이해하는 능력, 성경의 풍성한 진리를 대중들에게 전달하는 능력, 이 모든 것이 그를 사랑받게 해 주었고, 유능한 설교자가 되게 해 주었다. 그는 1657년부터 설교를 시작하였다. 한때는 신성모독神性冒瀆하던 땜장이가 이제는 십자가 위에서 수난당하신 예수 그리스도를 전파한다는 소문이 산불처럼 퍼져 나갔다. 그의 설교를 듣고자 군중들이 몇 십 리 밖에서까지 모여들었다.

슬프게도 1658년 존 번연의 사랑하는 아내가 세상을 먼저 떠났고, 1년 뒤인 1659년 존 번연은 엘리자베스Elizabeth라는 여인과 재혼을 하였다. 1660년 영국에서는 비非국교도의 국교불신봉nonconformance에 반대하는 법안이 통과되었다. 영국 전역에 걸쳐 비국교도의 예배당은 해산을 강요당했고, 대중들은 그들 교구의 영국 국교회에 다니도록 강요받았다. 그 결과 만일 영국 국교회의 전례典禮에 따르지 않는 한, 하나님을 경배하도록 설교하거나 대중을 인도하는 일은 위법이었다.

그러나 존 번연은 계속해서 그리스도를 선포하였으며 헛간이건, 가정집이건 그가 초대받는 곳은 어디에서나 예수 그리스도의 구원의 복음을 전파하였다. 존 번연의 막강한 영향력과 그에게 임한 하나님의 축복으로 인해 바람직스럽지 못한 설교 장소이긴 했지만, 존 번연의 설교는 전혀 방해를 받지 않았다. 하지만 그는 마침내 1660년 11월 2일 로워 샘쉘Lower Samshell에 있는 농장에서 드리는 예배에 설교를 하러 가다가 체포되고 말았다.

존 번연이 재판받는 동안 그는 자신의 해박한 성경 지식을 바탕으로 해서 혹독한 논법으로 고소인들을 궁지에 몰아 넣었다. 존 번연과 논쟁을 벌이려 했던 사람 중에 몇몇은 그의 성경에 대한 완전무장을 지레 겁내고 논쟁을 포기하게 되었다. 200년 뒤, 존 번연의 생애와 사역에 깊이 영향을 받은 '설교의 황태자'로 불렸던 찰스 스펄전Charles Spurgeon은 존 번연에 대해 이렇게 말하고 있다.

"존 번연의 어느 곳을 찔러 보아도 그의 피는 살아 있는 성경이요, 그에게서 흘러나오는 것은 성경의 핵심임을 알게 되리라. 그는 성경을 인용하지 않고는 말하지 못하는 분이었으니, 이것은 그의 영혼이 하나님의 말씀으로 충만했기 때문이다."

존 번연은 많은 분량의 성경을 암기하고 있었으며, 필요할 때마다 편리하게 성구聖句를 기억해 낼 수가 있었다. 투옥을 당하기도 하고, 추방을 당하기도 했으며, 때로는 교수형絞首刑의 위협을 받기도 했지만, 존 번연은 결코 설교를 포기하지 않았다. 한 번은 그가 존 위클리프John Wycliffe의 다음과 같은 말을 인용한 일이 있었다.

"인간에게 파문破門당하는 것이 두려워 설교를 그만두거나 하나님의 말씀 듣기를 포기하는 사람은 이미 하나님에게 파문당한 사람이요, 심판의 날에 그리스도에 대한 배신자로 간주될 것이다."

감옥에 갇혀 있는 동안 성경 연구의 대가大家인 존 번연은 침묵하지 않고, 충격적인 어휘를 총동원하여 많은 글들을 써 나갔다. 그는 산문과 우화의 두 가지 형태의 글을 썼다. 투옥 중에도 성경에 대한 그의 애정은 점점 더 커지기만 하였다. 존 번연은 자주 자신의 성경과 존 폭스John Foxe의 「기독교 순교사화」Book of Martyrs라는 책을 열심히 읽는 모습이 눈에 띄곤 하였다. 그는 감옥에서 다음과 같은 글을 썼다.

"나는 내 생애에서 옥중에 있는 지금처럼 하나님의 말씀으로 들어가는 길이 이토록 놀랍게 여겨지던 때는 일찍이 없었다네. 전에 내가 미처 깨닫지 못했던 이 성구들이 이 감옥 속에서 나를 환하게 비춰 주고 있구나. 예수 그리스도가 지금처럼 현실감을 준 때는 없었으며, 여기 감옥에서 나는 진정으로 그분을 만나 뵈었고, 마음으로 그분을 느낄 수 있었다네!"

존 번연은 감옥에서도 역시 영향력 있는 설교 사역을 계속하였다. 그는 감옥의 독방에서 많은 소책자들을 나눠 주어 수천 명이 읽게 했으며, 그가 감옥에 갇혀 있는 동안 다섯 권의 책을 출간하였다. 여러 가지 금지령이나 장애물도 하나님의 은혜로 변화를 받은 이 '죄인의 괴수'의 입을 통해 쏟아지는 영생의 샘물을 잠잠하게 할 수는 없었던 것이다. 존 번연은 신교 자유령Declaration of Indulgence과 함께 찰스 2세가 억압을 다소 완화한 1672년까지 감옥에 투옥되어 있었다.

존 번연이 감옥에서 석방되자 그는 베드포드에 있는 교회에서 목회를 하도록 초청을 받았다. 그곳에서 존 번연은 불굴의 활력과 정력을 다해 복음을 전파하였다. 그는 또다시 전도와 저술에 몰두하였는데, 그가 형刑을 마친 뒤에도 전과 다름없이 복음에 대한 열정으로 충만한 증거였다. 존 번연의 뚜렷하고 선명한 복음의 메시지는 계속해서 흘러나와 67권이 넘는 책들이 그에 의해 저술되었는데, 이것들 중에 대부분이 오늘날까지도 계속하여 간행되고 있다. 또한 그에게는 '번연 감독'이라는 별명이 붙게 되었다. 존 번연의 설교가 너무도 매끄럽고 탁월해서 심지어는 그 당시 존경받던 옥스퍼드대학교 학장이었던 저명한 청교도 신학자인 존 오웬John Owen도 찰스 2세에게 자신의 심정을 다음과 같이 토로하였다.

"만일 내가 저 땜장이의 탁월한 설교 능력을 소유할 수만 있다면, 나는 기꺼이 내 모든 학문과 지식을 아주 포기하고 싶소이다."

1688년 8월 존 번연이 런던으로 설교차 여행을 하는 중에 잠시 동안 리딩Reading을 방문하게 되었다. 그는 그곳에서 어느 부자父子 간의 싸움을 해결해 주기로 되어 있었다. 안타깝게도 존 번연이 런던으로 돌아오는 길에 폭우가 쏟아졌고, 그는 무리하게 그 폭우를 무릅쓰고 설교차 여행을 해야만 했다. 존 번연은 런던에서의 설교 집회가 꽉 차 있었지만, 2~3일 뒤에는 고열高熱이 나더니 1688년 8월 31일에 그가 오래도록 기다리던 하나님에의 찬미를 당연히 받아들이며 숨을 거두었고, 존 번연은 런던 시내의 번힐 필즈Bunhill Fields에 매장되었다.

예수 그리스도를 마음에 모시고 살았던 이 '믿음의 거장'의 말을 마음에 새기어 보자. 존 번연은 하늘의 기쁨을 다음과 같이 되뇌고 있다.

"예수 그리스도는 온 백성의 소망이시요, 천사의 기쁨이 되시며, 하나님 아버지의 즐거움이시로다. 무슨 위안으로 그 영혼을 가득 채울꼬 하니, 영원토록 그분을 모시는 것이로다. 당신이 그 행복에 넘치는 환상으로 더욱 만족할 수 있다면, 내가 드릴 간곡한 부탁은 경건하게 살며, 또한 직접 가서 보라는 것이라오!"

하늘 가는 순례자

「하늘 가는 순례자」The Heavenly Footman라는 책자는 존 번연이 죽은 직후까지도 출간되지 않았었다. 그 원고는 친구였던 찰스 도우Charles Doe가 1698년 처음으로 그것을 공개하기까지 그가 보유하고 있었다. 이 책의 초판은 세 권이 지금까지 남아 있으며, 그 중에 한 권은 잘 알려진 대영박물관British Museum에 보관되어 있다.

영혼을 탐색하는 듯한 이 책자가 갖는 의미는「천로역정」의 씨앗의 모형模型이라고 하겠다.「천로역정」에 대한 저자의 변으로, 존 번연은 다음과 같이 쓰고 있다.

"내가 처음 이처럼 글을 쓰려고 손에 펜을 잡았을 때, 그것이 이런 모형의 한 권의 책이 되리라고는 생각지 못했지요. 아니, 나는 다른 책을 쓰고자 손을 댔는데, 작품이 거의 완성되었을 때, 나는 나도 모르게 이 일을 시작했던 것이었습니다.

그래서 일이 벌어졌지요. 이 복음의 시대에 성도의 가는 길과 달음질하는 일에 대해 글을 쓰고 있던 나는 갑자기 성도들이 여행과 영광에 이르는 그 길에 대한 우화로 빠져들어가 버렸답니다."

여기서 존 번연이 언급하고 있는 '다른 책'이란 「하늘 가는 순례자」라고 편집자는 보고 싶다. 그가 그리스도인의 삶에 대한 우화를 생각해 내기 전에 자신은 이 복음의 시대에 성도가 달음질하는 것에 대해 글을 쓰고 있노라고 말한 바 있다. 그 주제는 정확히 「하늘 가는 순례자」라는 책자가 말해 주는 바로 그것이었다. 존 번연의 책들 중에 다른 어느 것도 그가 "저자의 변"에서 밝힌 글의 내용과 그토록 일치되는 것은 없다.

존 번연의 「하늘 가는 순례자」라는 책의 주된 인용 성구는 고린도전서 9장 24절, 즉 "…너희도 상을 받도록 이와 같이 달음질하라"는 하반절의 성구가 핵심이다. 「하늘 가는 순례자」라는 책은 산문체로 씌어져 있으며, 「천로역정」은 우화체로 씌어져 있는데, 이것은 천국에 이르기까지의 여행을 뜻한다. 그가 말하기를 천국에 이르는 길은 "가시 많은 쐐기풀, 찔레나무, 지독한 냄새가 나는 잡초" 등으로 온통 뒤덮여 있다고 했다. 그 중에서도 특히 인간 자신의 '나태함'이 몹시 위험한 것으로 짧지만 신랄한 이 조그만 작품은 나태한 그리스도인이나 영적으로 죽은 죄인을 무기력한 상태로부터 일깨워

주기 위해서, 또 그들이 하늘나라를 향해 그들의 여행길을 달려가도록 촉구하기 위해 계획된 것이다. 그의 문체는 단순하며 신선하고 강렬하다. 존 번연이 독자의 '영원한 신분'에 대하여 아주 절박한 관심을 갖고 있다는 사실을 우리는 쉽게 알 수가 있다.

어떤 이들은 이 「하늘 가는 순례자」가 출판하려고 쓴 것이 아니라는 느낌을 받는다. 그러나 서두에 모든 나태하고 경솔한 사람들에게 보내는 편지를 포함시킨 것은 우리를 달리 지시해 주는 것 같다. 처음부터 끝까지 존 번연의 「하늘 가는 순례자」를 대하면, 우리는 시종 냉철해지고 세상적인 기분과 영원한 변명을 떠올리게 되며, 우리가 전력을 다해 하늘나라를 찾도록 간청하고 있음을 깨닫게 된다. 그의 진정한 목적은 독자를 주 예수 그리스도에게로 인도해 주기 위함이다. 존 번연은 우리가 우리 마음대로 찾는 길은 어떤 길이든 옆으로 빠지는 샛길이요, 잘못된 길임을 경고해 주고 있다.

존 번연의 유일한 열정은 사람들이 구원받기 위해서 예수 그리스도의 의로우심만을 믿도록 촉구하는 것이다. 독자에게 보내는 그의 질문은 "당신은 구원을 받기 위해 무엇을 믿느냐?" 하는 것이다. 당신이 믿는 것이 예수 그리스도의 죽음과 부활인가? 만일 아니라면, 당신은 엉뚱한 길을 달음질하고 있는 셈이 된다. 그것도 아니라면, 아마도 당신은 아직 달음질을 하고 있지도 않다는 말이 된다. 이것이 사실이라면, 더 이상 기다릴 필요 없이 벌떡 일어나서 예수 그리스도 안에서 하나님의 용서하심을 구해야 할 것이다. 그리고 나면 당신은 달음질을 하게 되는 것이며, 그것도 올바른 궤도 위에 있음을 뜻하게 된다. 이 작은 책자는 당신을 위한 것이요, 또한 당신에 관한 것이기도 하다. 이 책을 천천히, 그리고 묵상하면서 읽으며, "존 번연이 묘사하고 있는 주인공이 바로 나인가?" 하는 것을 마음속으로 생각해 보아야 한다. 당신이 이 책을 읽을 때, 이 설교자의 말을 근거로 하여 깊이 생각해야 한다. 존 번연은 어제도, 오늘도 그리고 영원히 '구원의 복음'을 당신에게 선물할 것이기 때문이다.

본 책자의 출판에 대하여

당신은 지금 「하늘 가는 순례자」라는 본 책자의 요약된 정보를 당신 손에 쥐고 있다. 본서의 출판을 위해 사용된 원본은 조지 오포르George Offor의 1860년도 판이다. 아름답지만 읽기에 난해한 존 번연이 쓴 고대 영어로 인해서, 본 편집자는 현대의 독자가 직관적으로 이해하기 어려운 부분을 손질하느라고 무척 노력하였다. 이 책은 독자인 당신이 자신의 영적인 상태를 곰곰히 생각해 보도록 하기 위해서 의도된 것이므로 언어 장벽을 제거하기 위해 애를 썼고, 의미의 끊김이 없이 또 원본의 뜻을 손상하지 않고 당신이 읽을 수 있도록 편집자는 부단히 노력했음을 밝혀 둔다. 편집자로서 간절히 기대하기는 이 목표가 달성되고, 또한 존 번연이 이 생생한 메시지를 독자에게 힘들이지 않고 전할 수 있기를 바랄 뿐이다.

존 제프리 파넬라 John Jeffery Fanella
일리노이주, 휘튼 Wheaton, Illinois

프롤로그 : 하늘 가는 순례자

운동장에서 달음질하는 자들이 다 달릴지라도
오직 상을 받는 사람은 한 사람인 줄을 너희가 알지 못하느냐
너희도 상을 받도록 이와 같이 달음질하라
고린도전서 9:24

탐욕이 많았던 발람 선지자도 야곱을 지칭하면서 말하기를, "…나는 의인의 죽음을 죽기 원하며 나의 종말이 그와 같기를 바라노라"(민 23:10)고 하였듯이 천국과 행복은 모든 사람이 소망하는 것이다. 그럼에도 불구하고 그토록 선망하던 영광을 얻는 자는 극히 일부이다. 심지어 저명하다고 하는 많은 신자들도 하나님이 기뻐하시는 환영을 받지 못한다.

그러므로 사도 바울은 고린도 교인들의 영혼을 구원하고자 그들에게 도움과 유익이 되는 다음과 같은 충고를 남겼다. 첫째, 바울은 가만히 앉아서 천국만 바라보며 죄악된 상태에 머무르지 말고, 일어나서 천국을 향해 '달음질'하라고 말한다. 둘째, 아무리 원해도 단순히 달음질하는 것만으로 만족하지 말고 "너희도 상을 받도록 달음질하라"(고전 9:24)고 말하고 있다. 그것은 자신의 영혼을 잃지 않으려고 일어나 달음질하거나(전 12:1), 인내심을 가지고 민첩하게 달리며(히 12:1), 올바른 길로 달리고 있는 사람들을 이야기하고 있는 것이다.

당신도 이 길을 달음질하고 있는가? 승리의 면류관을 얻을 수 있도록 당신의 아버지, 어머니, 친구 그리고 당신의 동료들을 떠나 달음질을 해야 한다. 당신은 이 길을 달음질하고 있는가? 어떤 사람들은 보화를 얻기 위해 유혹이나 고난을 헤치고, 좋을 때나 나쁠 때나 어려움을 무릅쓰고 달음질을 한다(고전 4:13, 고후 6:2-10). 진정 당신은 이 길을 달음질하고 있는가? "너희도 상을 받도록 달음질하라!"

여기 인용된 이 말씀은 내기를 걸고 사람들이 달리기를 하는 데서 따온 말인데, 이것은 주님의 성도들의 눈 앞에 펼쳐진 아주 적절한 모습이기도 하다. "운동장에서 달음질하는 자들이 다 달릴지라도 오직 상을 받는 사람은 한 사람인 줄을 너희가 알지 못하느냐 너희도 상을 받도록 이와 같이 달음질하라"는 이 말씀은 달음질뿐만 아니라 반드시 승리를 거두라는 말씀이기도 하다.

"그 상을 받도록 달음질하라!" 나는 이 말씀을 해석하는 데, 야단법석을 떨고 싶은 생각은 없다. 다만, 내가 발견한 '한 가지 교리'를 말하고자 한다. 내가 앞으로 이야기해 가면서 그 말씀의 범위도 어느 정도 제시해 줄 수 있을 것으로 믿는다.

1장

성경 '본문의 교리'와 '달음질' 이라는 말에 대한 설명

성경 '본문의 교리'

고린도전서 9장 24절 본문의 교리는 다음과 같다. 즉, 천국을 소유할 사람은 그 천국을 향해 달음질해야 한다. 다음 말씀에 귀를 기울이기를 바란다. "운동장에서 달음질하는 자들이 다 달릴지라도 오직 상을 받는 사람은 한 사람인 줄을 너희가 알지 못하느냐 너희도 상을 받도록 이와 같이 달음질하라" 그 상賞이란 '천국'을 말한다. 그러므로 당신이 그 천국에 이르려면, 그 천국을 향하여 달음질해야 하는 것이다.

히브리서에는 달음질하는 것에 대한 다음과 같은 또 다른 성경 말씀이 있다. "이러므로 우리에게 구름 같이 둘러싼 허다한 증인들이 있으니 모든 무거운 것과 얽매이기 쉬운 죄를 벗어 버리고 인내로써 우리 앞에 당한 경주를 하며"(히 12:1).

사도 바울은 "그러므로 나는 달음질하기를 향방 없는 것 같이 아니하고 싸우기를 허공을 치는 것 같이 아니하며"(고전 9:26)라고 말한다.

'달음질' 이라는 말에 대한 설명

무엇보다도 먼저 다음 3가지를 주목하기 바란다.

첫째, 질주疾走. 이것은 평범한 달음질이 아니라, 가장 빠른 달음질로 이해하면 된다.

그래서 히브리서 6장에서는 이것을 '도피'라고 말하고 있다. "…앞에 있는 소망을 얻으려고 **피난처를 찾는** 우리에게 큰 안위를 받게 하려 하심이라"(히 6:18). 여기에서 '피난처를 찾는'이라는 말에 주목하라. 이것은 여호수아 20장에 나오는 도피성의 규례에 대한 말씀인데, 피의 복수자가 복수하기 위해 죄 지은 자의 뒤를 좇아갈 때, 피난처를 찾는 사람의 상황과 관련이 있다. 그러므로 그것은 '필사적인 달음질', 곧 질주인 것이다. 그것은 우리가 언급했듯이, 전심전력을 다한 달음질을 뜻한다. "그러므로 당신은 빠르게 달음질하라!"

둘째, 매진邁進. 다른 말로 이런 달음질을 '매진'이라고 한다. "푯대를 향하여 그리스도 예수 안에서 하나님이 위에서 부르신 부름의 상을 위하여 달려가노라"(빌 3:14). 이 말씀은 천국에 도달할 사람들은 그들이 부딪히는 어떤 어려운 상황에서도 곤경에 처해서는 안 된다는 것을 뜻한다. 오히려 그들은 천국과 그들 영혼 사이에 버티고 있는 모든 것을 헤치면서 매진해 나아가야 한다. "그러므로 힘있게 달음질하라!"

셋째, 지속持續. 또 다른 말로 이런 달음질은 인생 행로에서의 '지속'이라고 말할 수 있다.

"만일 너희가 믿음에 거하고 터 위에 굳게 서서 … 복음의 소망에서 흔들리지 아니하면…"(골 1:23). 당신은 이따금 조금씩, 마지 못해서, 그것도 어중되게 도중에 중단하는 달음질을 하지 않기를 바란다. 그러면 목표에 도달하지 못하게 된다. 당신은 필사적으로 모든 난관을 헤치며 결승점을 향하여 계속 달음질을 해야 한다. 이것이 당신의 목표가 되어야 한다. "계속 달음질하여 그 상을 얻도록 하라!"

2장

교리를 이해하기 위한 7가지 논리적 근거

이와 관련된 7가지 논리적 근거는 다음과 같다.

첫째, 달음질하는 모든 사람이 상을 받지는 못하므로 이 교리를 깊이 이해해야 한다.

더 멀리 달음질하면서도 경주의 결승점에 있는 승리의 면류관을 차지하지 못하는 사람이 많을 것이다. 당신은 운동장에서 달음질하는 모든 사람이 다 상을 받지는 못한다는 것을 알고 있다. 모든 사람이 달음질하지만 단 한 사람만이 우승을 한다. 그러므로 문제는 바로 이것이다. 즉, 달음질하는 모든 사람이나, 찾고자 하는 모든 사람이 다 승리하는 것이 아니요, 정복하고자 하는 모든 사람이 다 승리하는 것도 아니다(눅 13장). 사도 바울은 말하기를 어떤 사람이 그것을 정복하려고 노력한다고 해도 "경기하는 자가 법대로 경기하지 아니하면 승리자의 관을 얻지 못할 것이며"(딤후 2:5)라고 하였다. 다시 말하면, 하나님의 완전한 인정을 얻는 방법으로 달음질하지 않거나 애쓰지 않는 경우를 말한다.

모든 우둔한 신자들이 천국을 소유할 것이라고 생각하는가? 자신이 그리스도인이라고 말하면서도 볼꼴이 사납고 어리석은 사람들이나, 하찮은 일 때문에 하던 일을 중단하는 사람들, 또 달팽이가 땅에서 기어가듯 천국을 향해 매우 느리게 가는 모든 게으른 사람들이나, 모든 부당하고 어리석은 사람들이 천국을 소유할 수 있다고 생각하는가? 하나님의 길을 가되 달팽이가 기어가는 것 만큼도 가지 못하는 일부의 자칭 신자들도 있다. 그러면서도 그들은 천국과 행복이 자기들의 것이라고 생각한다.

명심하라! 상을 받는 사람보다 운동장에서 달음질하는 사람들이 훨씬 더 많다. 그러므로 천국을 소유하고자 하는 자는 천국을 향하여 부지런히 달음질해야 한다.

둘째, 어떤 사람이 달음질한다 하더라도 그가 극복하고 승리하지 못한다면, 그는 달음질했다 해도 이로 인하여 더 좋을 일이 별로 없을 것이다.

그는 아무 것도 얻지 못할 것이기 때문이다. 당신은 어떤 특정한 사람이 상을 얻기 위해 달음질한다는 사실을 알고 있다. 그러나 그가 그 상을 얻지 못한다면, 그의 기력이 떨어지고, 목적 달성도 못한 채 그의 수고와 시간은 허비되는 것이다. 그는 결국 아무 것도 얻지 못할 것이다. 심판의 날에 얼마나 많은 경쟁자들이 나타나겠는가? 달음질하던 많은 군중들이 천국 문에 이를 만큼 다가갔다 하더라도 더 이상 나아갈 수는 없다. 그들은 너무 늦게 "주여, 주여!" 하고 외치면서 문을 두드리겠지만, 그들이 겪은 고통에 대한 손가락질만 받을 뿐이다. 주님은 말씀하실 것이다. "내게서 떠나 가라. 너는 이곳에 올 수 없노라. 너는 너무 늦었고 너무도 게을리 달음질하였노라. 문은 이미 닫혔느니라."

예수 그리스도께서 말씀하시기를 "집 주인이 일어나 문을 한 번 닫은 후에 너희가 밖에 서서 문을 두드리며 주여 열어 주소서 하면 그가 대답하여 이르되 나는 너희가 어디에서 온 자인지 알지 못하노라 하리니 … 행악하는 모든 자들아 나를 떠나 가라 하리라"(눅 13:25, 27).

오! 달음질은 하였으되 천국을 놓친 자들의 처지가 얼마나 딱한가. 그러므로 당신이 천국을 차지하려면, 그 천국을 향해 달음질해야 한다. 다시 말하거니와 "너희도 그 상을 받도록 달음질하라!"

셋째, (은유적으로 말해서) 길은 멀고 보기 흉한 발걸음, 많은 높은 언덕, 해야 할 많은 일들이 있다.

사악한 마음, 사악한 세상 그리고 우리가 이겨내야 할 사탄이 있으므로 믿음의 조상, 아브라함의 믿음의 발자취 속에서 달음질하거나 걸어감으로써 구원받고자 하는 자들이 택했던 많은 길들이 있음을 말하고자 한다. 당신은 애굽 땅을 벗어나서 홍해를 건너가야 한다. 약속의 땅에 이르기 전에 넓고 황량한 광야를 헤치면서 머나먼 힘든 여행의 길을 달려가야 한다.

넷째, 천국을 향해 가야 할 사람들은 그 길이 멀고, 그 종착역에 도달해야 하는 시간이 매우 불확실하므로 오직 그 천국을 향해 달음질해야 한다.

현재의 시간은 당신이 가지고 있는 유일한 시간이다. 당신이 지금 향유하고 있는 그 이상의 시간은 당신에게 더 이상 남아 있지 않다. "너는 내일 일을 자랑하지 말라 하루 동안에 무슨 일이 일어날는지 네가 알 수 없음이니라"(잠 27:1).

"앞으로 7년 후라면, 천국에 다다를 시간이 충분하다"라고 말하지 말라. 당신에게 말하노니, 7년은 커녕, 7일이 지나기도 전에 당신에게 종말의 종이 울릴지도 모르기 때문이다. 그리하여 죽음이 다가오면 당신은 죽음에 대한 준비가 되어 있든, 그렇지 않든 간에 떠나야 하는 것이다. 그러므로 현실을 직시直視하고 지체하지 말라. 당신의 영혼의 구원이나 또는 영혼의 파멸만큼 중요한 문제를 소홀히 다루는 것은 결코 옳지 않다. 당신도 알다시피, 짧은 시간에 멀리 가야 할 사람은 자신이 가야 할 길의 절반 밖에 가지 못했다 하더라도 천국을 향해 더욱 빨리 달음질하는 것이 좋을 것이다.

다섯째, 천국에 갈 사람들은 마귀, 율법, 죄, 죽음 그리고 지옥이 그들을 뒤따라 오기 때문에 오직 천국을 향해 달려가야 한다.

마귀, 율법, 죄, 죽음 그리고 지옥이 뒤따라 오지 않는 상태에서, 천국으로 달려가는 영혼은 결코 불쌍한 영혼이 아니다. "…너희 대적 마귀가 우는 사자 같이 두루 다니며 삼킬 자를 찾나니"(벧전 5:8). 내가 확실히 말하거니와 마귀는 민첩하고 아주 빨리 달음질할 수 있으며, 쓰러져도 벌떡 일어나 많은 사람들을 뒤좇아가 그들을 쓰러뜨리고 영원한 파멸 상태에 이르게 하는 것이다. 그런데 먼 거리에 있는 사물도 조준 사격할 수 있는 율법이 있다. 율법의 큰 무기인 십계명에 저촉되지 않는 곳에 머물러 있어야 한다. 마귀는 커다란 입을 가지고 있으며, 당신이 알고 있는 것보다 더 멀리 손을 뻗을 수가 있다. 천사가 롯에게 이야기 한 것에도 나타나 있다. "… 도망하여 생명을 보존하라 돌아보거나 들에 머물지 말고 산으로 도망하여 멸망함을 면하라"(창 19:17).

그러므로 당신에게 말하노니 주의하라. 더 이상 지체하지 말라. 마귀, 지옥, 죽음, 또는 하나님의 율법에 대한 무서운 저주가 당신을 덮쳐서 죄악 속에 밀어 넣어 결코 일어나지 못하게 하며, 다시 회복될 수 없도록 할 수도 있다. 이 말을 잘 염두에 두고서 나도, 당신도, 천국에 이르고자 하는 사람들은 누구나 천국을 향하여 달음질해야 한다.

여섯째, 천국 문이 갑자기 닫힐 때가 있으므로 천국에 갈 사람은 천국을 향해 달음질해야 한다.

때때로 죄인들은 그들이 마음속으로 생각하는 것만으로는

천국 문이 그들 자신들을 향해 열리도록 할 수가 없다. 그리고 그 문이 일단 어떤 사람에게 닫혀 있으면, 그 문은 너무 무거워서 세상의 모든 사람이나 천국의 모든 천사들조차도 그 문을 열 수가 없다. 예수 그리스도께서 말씀하셨다. "…열면 닫을 사람이 없고 닫으면 열 사람이 없다"(계 3:7).

당신이 만일 10분 정도 지각을 한다면 어떻게 되겠는가? 당신에게 이르노니 그것은 영원히 당신의 불행에 대해 울부짖는 결과가 될 것이다. 프란시스 스피라*는 당신이 천국 문에 도달하기 전에 자비의 문이 닫힐 때까지 기다린다는 것이 어떤 것인지를 말해 줄 수 있는 사람이다. 내어 쫓긴다는 것은 어떤 것일까? 천국에 들어가지 못한다는 것은 어떤 것일까? 죄인은 그 천국을 잃지 않도록 그것을 향해 달음질해야 한다. 그렇다. 당신도 그 천국을 차지하기 위해 달음질하라!

* 프란시스 스피라Francis Spira는 구교 로마 가톨릭 교인으로서 매우 명성이 높은 이태리의 변호사였는데, 1548년에 신교로 개종을 하였다. 그는 후에 다시 로마 가톨릭으로 돌아왔으나 깊은 절망 상태에 빠지게 된다. 존 번연은 자신의 책들을 통해 네 차례나 프란시스 스피라에 대해서 언급한 바 있는데, 매번 스피라의 회복할 수 없는 절망 상태에 관해 이야기하고 있다. 아마도 프란시스 스피라는 존 번연이 자신의 불후의 고전 명작, 「천로역정」에서 "철장 속에 갇혀 있는 절망적인 무뢰한"으로 묘사하고 있는 그 주인공인 듯하다.

일곱째, 마지막으로 당신이 실패한다는 것은 모든 것을 잃는 것을 뜻한다.

즉, 당신의 영혼, 하나님, 예수 그리스도, 천국, 희락, 평화 등을 잃는 것이다. 그 외에도 하나님, 예수 그리스도, 성도들, 속세, 죄악, 사탄 그리고 모든 것이 당신에게 부과하는 모든 수치, 경멸, 비난을 받게 될 것이다.

예수 그리스도께서 어리석은 건축가를 향해 말씀하신 것처럼 나도 당신에게 말하노니 만일 당신이 달음질하였으나 천국에 이르지 못한 사람이라면, 여러분과 함께 가던 모든 사람조차도 당신을 조롱하게 될 것이다. "너희 중의 누가 망대를 세우고자 할진대 … 이 사람이 공사를 시작하고 능히 이루지 못하였다 하리라"(눅 14:28-30). 이 부분에 대해서는 짧게 이 정도로 마치고자 한다.

질문: 그러나 불쌍한 영혼이 어떻게 달음질을 할 수 있는가? 그것은 내가 달음질하지만 천국에 이르지 못할 것이라고 생각만 해도 나를 가혹할 정도로 괴롭히는 바로 그것이다. 결국 내가 천국에 이르지 못할 것이라는 것을 생각만 해도 끔찍스럽다. 오, 그것이 바로 나를 몹시 두렵

게 한다. 제발, 내가 어떻게 달음질을 해야 할는지 말해 주시오!

답변: 이 특별한 질문에 대한 답은 다음으로 이어지는 이야기 속에서 만족스럽게 얻을 수 있을 것이다.

3장

달음질을 위한 9가지 지시 사항

첫 번째 지시 사항: 천국으로 가는 길로 들어서라!

만약 당신이 천국을 얻고자 달음질을 한다면, 당신이 천국에 이르는 노상路上에 있다고 확신하기 바란다. 비록 당신이 그렇게 빨리 달려 본 적이 없을 만큼 빨리 달려도 당신이 천국에 이르는 길 위에 있지 않으면, 당신이 그 상을 얻을 것이라는 생각은 헛된 일이기 때문이다. 미국의 뉴욕까지 달리기 내기를 하는 사람이 영국의 런던에 있다고 가정해 보자. 그가 그토록 빨리 달려 본 적이 없을 만큼 빨리 달린다 해도 그가 남쪽으로 곧바로 달린다면 그는 곧 숨이 찰 것이고, 상賞에는 근처에도 갈 수 없을 것이다. 여기서도 마찬가지이다. 승리의 왕관을 얻는 사람은 단순한 경주자가 아니며 성급한 경주자가 되어서도 안 된다. 그는 그를 천국으로 인도하는 궤도 위에 있게 해야 하는 것이다.

내가 신앙생활을 하여 온 짧은 시간 동안 어떤 이는 이리로, 또 어떤 이는 저리로 달리는 여러 가지 달음질에 대해 나는 관찰을 해왔다. 그러나 염려가 되는 것은 그들 대부분이 올바른 길 위에 있지 못하다는 것이 사실이다. 그 결과, 비록 그들이 독수리처럼 재빠르게 날 수 있을 지라도 그들에게 이익이 되는 것은 하나도 없다. 전율戰慄을 추구하여 달리는 사람이 있는가 하면, 호언장담을 좇아 달리는 사람도 있고, 또 다른 사람은 세례를 제일로 알고 추구하고, 또 다른 사람은 독립교회 제도를 따라 달리기도 한다. 즉, 자유의지自由意志를 좇아 가는 사람도 있으며, 장로교를 따라다니는 사람도 있다. 그러나 이러한 모든 교파들의 대부분이 그릇된 길을 달리고 있을 수도 있다는 사실이다. 그리고 여전히 모든 사람은 그들의 삶과 영혼을 위하여 천국 아니면 지옥을 향해 달리고 있는 것이다.

만약 당신이 지금 "어느 길이 올바른 길입니까?"하고 묻는다면, 나는 마리아의 아들이며 하나님의 아들, 예수 그리스도라고 당신에게 말하겠다. 예수께서 말씀하시기를 "내가 곧 길이요 진리요 생명이니 나로 말미암지 않고는 아버지께로 올 자가 없느니라"(요 14:6)고 했다. 그런즉, 만약 당신이 구원을 얻고자 한다면, 당신이 해야 할 일은 그리스도의 은혜로 그리스도가 당신 안에 있는지 아닌지를 알아보는 것이다. 즉, 그리스도의 의義가 당신을 감싸고 있는지, 또 그리스도가 흘리신 보혈로 인해 당신의 죄가 씻겨졌는지, 또한 당신이 그리스도 안에 이식移植되어 있는지, 당신이 그리스도 안에서 그분으로부터 생명을 얻기 위해 그리스도에게 순응할 수 있는 충분한 신념을 지니고 있는지 확인해 보는 것이다. 나는 그리스도께서 당신의 의가 되시므로 당신도 의로운 존재라고 결론짓는 그런 믿음에 대하여 말하고 있는 것이며, 또한 그리스도께서 당신의 영혼을 구원하셨기 때문에 기쁜 마음으로 주님과 동행하게 된 그런 믿음에 대해 말하고 있는 것이다.

아무쪼록 당신이 약한 기반基盤 위에 있는 데도 올바른 길 위에 있다고 생각함으로써 당신 자신을 속이지 말아야 한다. 만약 당신이 길을 잃으면 상을 놓치는 것이 되며, 당신이 그 상을 놓친다면, 당신은 온 세상보다 더 귀중한 당신의 영혼을 잃는 것이 된다.

주님께서 그분의 성령으로 그 길을 당신에게 보여 주시기를 바랄 뿐이다. 그리고 나면 나는 당신도 그것을 알 것으로 확신한다. 그러므로 '달려라!'

당신이 그 길로 들어서야 하는 것처럼, 또한 당신은 그 길을 따라 열심히 연구하고 깊이 생각해야 한다. 어떤 일에 전문가들은 보통 자기의 전문 분야에 관해 많은 연구를 한다. 어떤 것을 많이 공부하는 사람들은 쉽게 전문가가 된다. 따라서 이것은 당신이 꼭 해야 할 일이다.

이 세상의 길이 되시는 예수 그리스도에 관해 많이 연구하라. 즉 그분이 누구이며, 그분이 무슨 일을 하셨으며, 그분이 왜 그리스도가 되시는지, 왜 그분이 많은 일을 하셨는지, 예컨대 “오히려 자기를 비워 종의 형체를 가지사 사람들과 같이 되셨고”(빌 2:7) 등에 관해서 말이다. 또 그분은 왜 우셨으며, 그분은 왜 죽으셨는지, 왜 그분이 변형된 인간의 모습으로 천국에 계신 것인지, 그리고 거기서 그분이 무엇을 하고 계신지(고후 5:21), 이런 일들을 곰곰히 생각해 보아야 할 것이다.

또한 당신이 가까이 해서는 안 되나 반드시 지나가야 하는 그런 장소들을 생각해 보아야 한다. 그것은 내세來世를 여행하는 사람들에 관한 것이므로 그들은 이런 문을 피해 가야 하고, 저런 숲도 피해 가야 하며, 그런 것들이 있는 곳은 그냥 지나쳐 가야 한다. 이것도 역시 당신이 해야 할 일이다. 성경 말씀에 명백히 금지된 것은 피해야 한다. " 네 길을 그에게서 멀리 하라 그의 집 문에도 가까이 가지 말라"(잠 5:8). "그 발은 사지死地로 내려가며 그 걸음은 스올로 나아가나니"(잠 5:5). 그러므로 그 길 위에 있지 아니한 모든 것을 조심해야 한다. 그곳으로 지나가지 않도록 주의하며 그것에 가까이 가지도 말아야 한다. 그런 것과는 아무 관계도 맺지 말라. 그러므로 '달려라!'

세 번째 지시 사항: 당신을 방해하는 모든 것들을 없애 버리고 치워 버려라!

그 다음으로, 탐욕, 자만, 욕망 또는 당신의 마음이 무엇에 집착하든지 간에 천국으로 향한 길에서 당신을 붙잡고 늘어지거나 방해할지도 모르는 그러한 것들로부터 벗어나도록 해야 한다. 그런 것들이 천국으로 향한 당신의 달음질을 방해할지도 모르기 때문에 '내기'를 걸고 달리기를 하는 사람들은, 만약 그들이 달릴 뿐만 아니라 승리하기를 원한다면, 그들의 경주를 방해할지도 모르는 무거운 짐을 가지고 가지는 않을 것이다. "이기기를 다투는 자마다 모든 일에 절제하나니…”(고전 9:25). 즉, 그는 어쨌든 그에게 불이익이 되는 모든 것을 벗어 버려야 한다. 히브리서 저자가 말한 것과 같이 “…모든 무거운 것과 얽매이기 쉬운 죄를 벗어 버리고 인내로써 우리 앞에 당한 경주를 경주해야”(히 12:1) 한다. 만약 당신의 마음이 당신을 방해할 수도 있는 그런 것들로 부담을 느낀다면, 천국을 향해 가는 일에 관하여 이야기한다는 것은 헛수고가 될 것이다.

주머니 속을 돌멩이로 가득 채우고 그의 어깨에는 무거운 의복을 걸치고 그의 발에는 굉장히 둔한 신을 신고 있는 사람이 비록 그가 달리기를 한다 해도 패배할 위험에 처해 있다고 말하지 않겠는가? 여기에서도 마찬가지이다. 당신은 천국으로 달음질하는 것에 대해 이야기하면서 당신의 마음은 이 세상의 것들로 가득 차 있고, 모든 이득과 쾌락을 당신의 어깨에 걸치고 있다고 생각해 보라. 아! 그렇다면 당신은 큰 실수를 하고 있는 것이다. 당신은 이 모든 것에 있어서 절제하여야 한다. 따라서 당신은 ‘달려야만’ 한다.

네 번째 지시 사항: 샛길을 조심하라!

당신을 잘못된 길로 인도하는 그러한 길로 들어서지 않도록 주의를 기울여라. 인간들로 하여금 타락하게 하여 죽음과 저주에 이르는 길과 같이 왜곡된 길들이 있다. 그러나 이 모든 길을 조심해야 한다(사 59:8). 어떤 길은 사람들의 부도덕한 관습 때문에 위험하고(잠 7:25), 또 어떤 길은 그들의 생각 때문에 위험하다. 그러나 그것들에 신경을 쓰지 말라. 당신이 진행할 앞에 있는 통로에만 집중하라. 그리고 앞을 바라보고 좌로나 우로나 치우치지 말라. 그리고 당신의 눈은 똑바로 당신이 진행할 바로 앞을 바라보게 해야 한다(잠 3:17). "네 발이 행할 길을 평탄하게 하며 네 모든 길을 든든히 하라 좌로나 우로나 치우치지 말고 네 발을 악에서 떠나게 하라"(잠 4:26-27).

이 권면을 진지하게 받아들이지 않기 때문에 사람들은 이 생각 저 생각을 하게 되며, 이 길 저 길에서 휘청거리기도 하고, 이 길에서 벗어나 저 길로 들어가고, 마침내는 천국으로 가는 길을 잃어 버리게 되는 것이다. 천국으로 가는 길은 오직 하나 뿐이지만, 내가 말한 것처럼 그 '천국으로 가는 길'을 망쳐 놓는 굽은 길들과 샛길들이 많이 있는 것이 사실이다. 대부분의 여행자들은 이러한 길들을 지나가기 때문에 천국으로 가는 길은 발견하기가 어렵고, 그 바른 길 위에 머물러 있기도 어렵다.

그럼에도 불구하고 이것은 여리고 기생妓生 라합의 경우와 같다. 그녀는 자기의 창문에 붉은 줄을 매달아 놓았는데 이것으로 그 집의 표시가 되었다(수 2:18). 그리스도의 보혈의 붉은 강줄기가 천국으로 가는 길을 통해 흐른다. 따라서 당신의 길 위에 뿌려져 있는 그리스도의 보혈을 발견할 수 있는지 신중히 살펴 보아야 한다. 그리고 만일 당신이 당신의 길에서 그리스도의 보혈을 발견하고 힘을 얻는다면, 당신은 올바른 궤도 위에 있는 것이다.

그러나 그릇된 생각으로 자기 자신을 기만하지 않도록 조심하라. 그러면 당신은 샛길로 잘못 들어 설 수가 있기 때문이다. 당신이 실수하지 않기 위하여, 만약 당신이 그 길 바로 한복판에서 그리스도의 보혈의 비명碑銘을 발견할 수 없다면, 그분이 죄인을 구하러 세상에 오셨다는 사실과 우리가 믿음이 없던 자였으나 용서함을 입었으며, 그 샛길을 피할 수 있었다는 사실을 깊이 생각해 보아야 할 것이다. 이것이 바로 히브리서 저자가 의미했던 말이기도 하다. "우리가 예수의 피를 힘입어 성소에 들어갈 담력을 얻었나니 그 길은 우리를 위하여 휘장 가운데로 열어 놓으신 새로운 살 길이요 휘장은 곧 그의 육체니라"(히 10:19-20).

다섯 번째 지시 사항: 당신의 주위를 너무 많이 둘러 보지 말고, 당신이 가고 있는 그 길에 대해 깊이 생각하라!

천국으로 향하는 당신의 여정에서 주위를 너무 자주 둘러 보지 말아야 한다. 경주에서 달리고 있는 사람들은 이길 저길을 기웃거리지 않으며, 너무 높은 곳에 눈길을 던지지도 않는다. 다른 사물을 너무 많이 응시하면, 비틀거리거나 넘어질 수가 있기 때문이다. 여기서도 마찬가지 경우이다. 만약 이 세상에 떠도는 모든 의견이나 길을 따라 자주 응시하거나 주시한다면, 또 당신이 하나님의 비밀스러운 법에 대해 너무 많이 눈치를 살펴본다면, 또한 당신의 마음속으로 매우 그럴듯해 보이는 어리석은 호기심에 너무 많은 문제를 즐긴다면, 당신은 비틀거리고 넘어지게 될 것이다. 영국에서도 초기 감리교도와 퀘이커교도 중에서 수많은 사람들이 비틀거리고 넘어져서 영원한 파멸에 이르렀기 때문에 그들을 다시 돌아오게 하는 놀라운 하나님의 은총을 입지 못하였다.

그러므로 사탄처럼 그들 자신의 신분에 만족할 수 없는 거만하고 거드름 피우는 마음을 조심하고 따르지 않도록 해야 한다. 다윗이 "여호와여 내 마음이 교만하지 아니하고 내 눈이 오만하지 아니하오며 내가 큰 일과 감당하지 못할 놀라운 일을 하려고 힘쓰지 아니하나이다 실로 내가 내 영혼으로 고요하고 평온하게 하기를 젖 뗀 아이가 그의 어머니 품에 있음 같게 하였나니 내 영혼이 젖 뗀 아이와 같도다"(시 131:1-2)라고 말했을 때, 그는 훌륭한 마음을 지니고 있었다. 그러니 당신도 '달음질해야' 되지 않겠는가?

여섯 번째 지시 사항: 누가 당신을 부르든지, 그것이 세상이든, 육체이든, 사탄이든 간에 절대로 걸음을 멈추지 말라! 왜냐하면, 이들은 할 수만 있다면, 당신의 여행을 방해할 것이기 때문이다.

당신이 여행할 때, 당신을 부르는 모든 사람에게 귀를 기울이지 않도록 조심하라. 만일 어떤 사람이 달리기를 하는데, 어떤 다른 사람이 "난 당신과 얘기를 나누고 싶소" 한다든지 또는 "너무 빨리 가지 마시오. 내가 당신과 동행해 드리리다"라고 말을 걸어 온다면, 그가 뭔가 가치있는 일을 위해 달리고 있을 경우, 이렇게 말할 것이다. "안 됐군요, 저는 급해서 지체할 수가 없습니다. 제발 지금 저에게 말을 걸지 말아 주세요. 나는 당신을 위해 속도를 늦출 수가 없습니다. 난 '내기'

를 걸고 달리기를 하고 있거든요. 만일 내가 이기면 난 성공한 것이요, 지면 실패한 것이 됩니다. 그러니 나를 방해하지 마십시오!"

사람들은 그들이 썩어서 없어질 것을 위하여 달릴 때는 이토록 현명하다. 당신이야말로 현명해야 한다. 그리고 당신은 그들보다도 왜 그렇게 해야 하는지 더 분명한 이유를 가지고 있다. 왜냐하면 그들은 일시적인 것들을 위해서 달리지만, 당신은 영원히 없어지지 않을 하나님의 영광을 위해 달리기 때문이다.

내가 당신에게 미리 알려주거니와 당신은 당신을 부르는 많은 소리들을 듣게 될 것이다. 심지어, 마귀, 죄, 속세, 헛된 친구, 쾌락, 이익, 사람 사이의 존경, 안이함, 겉치레, 자만, 또한 다음과 같이 울부짖는 수많은 일행들도 있을 것이다. "나를 위해 속도 좀 늦춰 줘!" 또 어떤 이는 "나만 뒤에 두고 혼자만 가지마!" 세 번째 사람은 "나 좀 당신과 함께 같이 데려가 줘"라고 말할 것이다. 또 마귀도 말한다. "죄도 없이, 쾌락도 없이, 이익도 없이 그냥 가버릴거야? 그렇게 바빠? 좀 기다리다가 이런 것들도 가져가면 어때? 넌 너의 친구들과 동료들을 뒤에 남겨두고 갈거야? 너는 너의 이웃들이 했던 것처럼 이 세상과 죄악, 욕망, 쾌락, 이익, 사람들 사이의 존경을 가지고 갈 수는 없니?" 당신은 이런 유혹적이고 매력적이며, 유인誘引하면서 영혼을 혼란하게 하는 아첨에 대해서 귀를 기울이지 않도록 조심해야 한다.

영혼이여, 이 권면을 받아들이고 다음과 같이 자신에게 말하라. "사탄, 죄악, 욕망, 쾌락, 이익, 교만, 친구, 동료들 그리고 그 밖에 모든 것들아, 나를 내 버려 두어라. 물러가라, 나에게 다가오지 말라. 나는 지옥과 영원한 저주로부터 천국을 향해, 내 영혼을 향해, 또 하나님을 향해, 예수 그리스도를 향해 달리고 있기 때문이다. 내가 이기면, 나는 모든 것을 이긴 것이요, 내가 지면 모든 것을 잃는 것이란다. 난 아무것도 듣고 싶지 않으니 나를 혼자 내버려 둬라!" 그러므로 '달려라!'

일곱 번째 지시 사항: 당신이 달려가는 길에서 만나는 어떠한 좌절에도 낙심하지 말라!

그 다음에는, 천국으로 가는 여행 중에 너무나 많은 낙담스런 일들을 만날지라도 낙심하지 말라. 만약 사탄이 천국으로 가기로 결심한 사람을 아첨을 해서도 이기지 못하면, 사탄은 실망스러운 말을 함으로써 그 사람을 약하게 하려고 애를 쓸 것이다.

"넌 죄인이지. 넌 하나님의 계율을 어겼지 않니? 넌 선택된 인간이 못 돼. 넌 너무 늦게 왔단 말이야. 은총의 날들은 이미 다 지나 갔는 걸. 하나님은 널 돌보지 않는단 말야. 너의 마음은 사악하고 넌 게으름뱅이야!" 또한 수백 가지의 다른 낙망적인 말들을 할 것이다.

다윗에게도 이런 일이 있었다. 그는 다음과 같이 말한다. "내가 산 자들의 땅에서 여호와의 선하심을 보게 될 줄 확실히 믿었도다 너는 여호와를 기다릴지어다 강하고 담대하며 여호와를 기다릴지어다"(시 27:13-14).

다시 말하면, 다윗은 이렇게 말하고 있다. "마귀는 너무 격분하고 나의 마음은 너무도 의기 소침해서 내가 내 자신의 지각과 감정에 의해 판단했더라면, 나는 완전히 미쳐버렸을 것이다. 그러나 나는 예수 그리스도를 믿었고, 그분의 약속을 믿었으며, 또 하나님은 아무런 가치도 없는 죄인인 나를 긍휼히 여기신다는 약속을 지켜 주신다는 사실을 나는 확실히 알고 있었다. 이 사실이 내게 격려가 되었고, 내가 낙심하지 않도록 나를 지탱해 주었다."

바로 이것은 사탄이나, 세상의 율법이나 당신 자신의 양심이 당신을 낙담시키려 할 때, 당신도 이처럼 해야 한다. 당신을 낙담시키는 것은 거대한 당신의 죄나, 사악한 당신의 마음이나, 지루한 인생살이, 또는 바깥 세상의 즐거움을 상실한 데서 올 수 있고, 이 세상에서 당신이 받을 증오로 인해서 생겨 날 수 있다. 당신은 예수 그리스도의 인정 많으심과 그분의 보혈의 공로로, 그분의 약속으로 인해, 또 우리를 불러주시는 그 자유로운 초청으로 인해, 또 거대한 죄의 용서받음을 통해서 당신 자신을 격려해야 한다. 똑같은 하나님께서 똑같은 예수 그리스도를 통하여 전과 같이 자유로운 은혜를 당신에게 나타내 보여주시는 것이다. 당신이 이런 것들을 묵상하지 않는다면, 천국으로 가는 당신의 여행길에서 당신은 매우 힘겨운 여행을 하게 될 것이다.

그러므로 내가 말하거니와 여행길에서 용기를 내야 하며, 당신의 파멸을 원하는 사람들에게 이렇게 말해야 한다. "나의 대적이여 나로 말미암아 기뻐하지 말지어다 나는 엎드러질지라도 일어날 것이요 어두운 데에 앉을지라도 여호와께서 나의 빛이 되실 것임이로다"(미 7:8).

여덟 번째 지시 사항: 십자가를 만났을 때, 비틀거리지 않도록 조심하라!

당신이 천국에 이르기 전에 통과해야 할 십자가로 인해서 고통받게 됨을 주의하기 바란다. 내가 이미 언급했듯이, "십자가를 거치지 않고 천국에 이르는 사람은 없다"는 것을 알아야만 한다. 그 "십자가"는 영광으로 가는 길에 모든 사람이 당연히 지나가야 할 도로표지판이다. "…우리가 하나님의 나라에 들어가려면 많은 환난을 겪어야 할 것이라"(행 14:22). "무릇 그리스도 예수 안에서 경건하게 살고자 하는 자는 박해를 받으리라"(딤후 3:12). 당신이 현재 천국으로 가는 노상路上에 있다면, 당신이 곧, 그 십자가에 도달할 것이라는 사실을 나는 맹세코 당신에게 확언하고 싶다. 예수께서 말씀하기를, "또 무리에게 이르시되 아무든지 나를 따라오려거든 자기를 부인하고 날마다 제 십자가를 지고 나를 따를 것이니라"(눅 9:23).

그 십자가는 천국으로 가는 길의 도로 표지판으로써 태초부터 지금까지 세워져 있는 것이다. 만약 어떤 사람이 어느 장소로 가는 길을 당신에게 묻는다면, 당신은 "이 길이 바로 그 길이요"라고 말하지 말고, 그 방향을 더 잘 묘사하기 위해 "당신은 이러 저러한 문을 통과해서, 이러 저러한 모양과 숲과 나무와 다리 등을 지나가야 합니다"라고 말해야 한다. 그 이유는 다음과 같다. 당신은 천국으로 가는 길을 묻고 있는가? 예수 그리스도가 그 길이 되시며, 당신은 죄사함 받기 위해 그리스도에게로 가야 하고 그분의 의로 들어가야 한다. 당신이 만일 그리스도 안에 있다면, 머지않아 당신은 십자가를 만나게 될 것이다. 당신은 십자가에 다가가야 하고 그것을 직접 만져 보아야 한다. 아니, 그것을 차지해야만 한다. 그렇지 않으면 천국에 이르는 길에서 벗어나 죽음의 방으로 인도되는 굽은 길로 들어서게 될 것이다.

천국을 향해 가는 사람들을 지켜 주는 것이 바로 '십자가'이다. 만일 이 십자가가 없다면, 그리스도라는 단 한 분의 스승을 가진 상황에서 우리는 스무 명의 스승이 필요할 것이라는 생각이 든다. 그런데 이 십자가가 모든 것을 망치는 십자가가 되기도 한다.

내가 전에 말한 것처럼, 어떤 사람들은 그들이 십자가에 가까이 오면, 더 멀리 가지를 못한다. 그들은 그들의 죄를 향하여 되돌아가 버리고 마는 것이다. 또 다른 이들은 그 십자가로 인해 비틀거리고 목뼈가 부러지기도 한다. 또 어떤 이들은 십자가가 다가오는 것을 보고, 왼쪽으로 또는 오른쪽으로 외면을 하면서 천국으로 가는 다른 길을 생각하느라고 애를 쓴다. 그러나 그들은 곧바로 속아 넘어가게 된다. "무릇 그리스도 예수 안에서 경건하게 살고자 하는 자는 박해를 받으리라"(딤후 3:12).

몇몇 순교자들이 화형을 당했던 상황에서 그랬던 것처럼, 십자가가 자신에게 다가왔을 때, "십자가를 기쁘게 감당하겠나이다"라고 외치는 사람은 몇 명이 되지 않는다. 따라서, 만일 당신이 여행 중에 십자가를 만난다면 그것이 무엇이든지 낙심하지 말고 "주여, 내가 지금 어떻게 해야 합니까"라고 자문自問하기 바란다. 그 십자가가 바로 천국으로 가는 길임을 알고 용기를 가져야 한다.

사람이 예수 그리스도를 믿으면서 마귀에게 미움을 받지 않을 수가 있을까? 마귀가 기분 좋게 그리고 설득력이 있게 그리스도에 대해 서약을 할 수 있을까? 마귀의 자식들이 입을 다물게 할 수 있을까? 어둠이 빛에 조화를 이룰 수 있을까? 예수 그리스도가 믿음과 하늘나라의 방법으로 경배를 받을 때, 사탄이 참으며, 그 영혼을 홀로 조용히 남아 있게 할까? 당신은 다음과 같은 성구를 읽어 본 일이 있는가? "용이 자기가 땅으로 내쫓긴 것을 보고 남자를 낳은 여자를 박해하는지라"(계 12:13). 그리스도께서 말씀하시기를, "…세상에서는 너희가 환난을 당하나 담대하라 내가 세상을 이기었노라"(요 16:33)고 하셨다.

아홉 번째 지시 사항: 하나님께 넓은 마음과 자발적인 마음을 달라고 울부짖어 간구하라! 그러면 하나님께서 당신에게 순조로운 여행을 허락하실 것이다.

당신을 위해서 다음 두 가지를 이루어 주시기를 하나님께 간구하기 바란다.

첫째, 당신의 이해심을 계발하라. 세상의 남녀들이 내세來世는 너무 작다고 여기는 중요한 이유 중 하나는 그들이 그 세계의 아주 작은 부분만 보기 때문이다. 그리고 또 그들이 내세의 아주 작은 부분만을 보는 이유는 그들의 이해심이 분명치 못하기 때문이다. 사도 바울이 말하기를, "…이방인이 그 마음의 허망한 것으로 행함 같이 행하지 말라 그들의 총명이 어두워지고 그들 가운데 있는 무지함과 그들의 마음이 굳어짐으로 말미암아 하나님의 생명에서 떠나 있도다"(엡 4:17-18)라고 했다. 당신은 그러한 사람들처럼 행동하지도 말고 그들과 함께 달리지도 말아야 한다.

또한 불쌍한 영혼들은 그들의 이해심을 부족하게 만들고, 그들의 마음 문을 닫히게 한다. 이것이 바로 그들이 우리 주 예수 그리스도에 대해서, 또 영혼의 구원에 대해서 그토록 대수롭지 않게 여기는 이유이다. 또 사람들이 내세에 대한 것을 알게 될 때, 그들은 하나님이 누구시고, 예수 그리스도가 누구시며, 천국이 무엇이고, 그들이 누릴 영원한 영광이 무엇인지를 발견하게 된다. 또한 그들이 그들의 몫을 소유할 수 있다는 것을 알게 될 때, 그 사실이 그들로 하여금 그것을 향유하기 위하여 모든 어려움을 무릅쓰고 달음질하게 해 준다는 사실이다.

이런 것에 대해서 통찰력을 가진 모세는 이해심이 넓었기 때문에 왕의 분노에도 두려워하지 않고 도리어 하나님의 백성과 함께 고난 받기를 잠시 죄악의 낙을 누리는 것보다 더 좋아하였다(히 11:25). 그는 또한 공주의 아들로 불리는 것을 거절하였던 것이다. 불쌍하고 경멸당한 성도와 더불어 그리스도를 위해 고난 당하는 것을 가치있고 놀라운 풍요로 여겼던 것이다. 이것은 그가 보이지 않는 하나님을 보았기 때문이며 "…이는 상 주심을 바라봄이라"(히 11:26)는 말씀 속에 그

뜻이 잘 나타나 있다. 이 히브리서의 말씀은 사도가 흔히 성도들에게 보내는 그의 편지를 통해서 즉, "너희 마음의 눈을 밝히사 그의 부르심의 소망이 무엇이며 성도 안에서 그 기업의 영광의 풍성이 무엇이며"(엡 1:18)라고 기원하는 형식이다. 또한 그들은 "능히 모든 성도와 함께 지식에 넘치는 그리스도의 사랑을 알고 그 너비와 길이와 높이와 깊이가 어떠함을 깨달아 하나님의 모든 충만하신 것으로 너희에게 충만하게 하시기를 구하노라"(엡 3:18-19)고 말한다.

그러므로 하나님이 당신의 이해심을 높여 주시기를 기도하라. 그것은 당신에게 큰 도움이 될 것이다. 그것은 당신이 그리스도를 위하여 많은 고난들을 이길 수 있게 해 준다. 히브리서 저자가 말하듯이 "전날에 너희가 빛을 받은 후에 고난의 큰 싸움을 견디어 낸 것을 생각하라 혹은 비방과 환난으로써 사람에게 구경거리가 되고 혹은 이런 형편에 있는 자들과 사귀는 자가 되었으니 너희가 갇힌 자를 동정하고 너희 소유를 빼앗기는 것도 기쁘게 당한 것은 더 낫고 영구한 소유가 있는 줄 앎이라"(히 10:32-34).

흔히 있는 일이거니와 어떤 사람이 길에 보석이 있는데, 그가 그것을 보지 못하면, 그는 허리를 굽혀 그것을 줍지 못하고, 오히려 그것을 짓밟게 될 것이다. 이유는 그가 그 보석을 보지 못했다는 사실이다. 여기서도 마찬가지이다. 천국이 굉장한 가치가 있고 또 당신은 그것이 너무나 필요하다 해도 당신이 그것을 보지 못한다면, 바꿔 말해서 당신이 그것을 보기 위해 당신의 이해심이 활짝 열려지거나 밝아지지 못한다면, 당신은 그것에 전혀 관심을 가질 수 없다는 것이다. 그러므로 하나님께 은총을 간구하며 다음과 같이 울부짖어야 한다. "주님, 저의 닫혀진 눈을 열어 주시옵소서. 주님, 저의 어두운 마음의 베일을 벗겨 주시옵소서. 또 내세來世의 일들을 보여 주시오며, 예수 그리스도를 위하여 아름다운 영광과 그 탁월함을 보게 해 주시옵소서." 이것이 제일 먼저 간구해야 할 사항이다.

둘째, 당신의 의지를 불태우라. 하나님께서 내세의 일들로 당신의 의지가 불타도록 하나님께 부르짖으라. 일을 할 때, 의지를 완전히 쏟아 놓으면, 그 사람은 반드시 그 일의 끝을 맺을 수가 있다. 바울의 의지가 예루살렘으로 가는 방향으로 결정되었을 때, 비록 거기에 가면 고통을 받을 것이라는 말을 전해 들은 바 있지만, 그는 전혀 낙심하지 않았다. 도리어 사도는 말하기를, "…여러분이 어찌하여 울어 내 마음을 상하게 하느냐 나는 주 예수의 이름을 위하여 결박 당할 뿐 아니라 예루살렘에서 죽을 것도 각오하였노라"(행 21:13)고 했다. 바울의 의지는 그리스도의 사랑으로 불탔으므로 모든 갖가지 만류挽留도 소용이 없었다.

고집 센 사람들을 우리가 어떻게 해야 할지 아무도 그 방법을 알 수가 없다. 이럴 때 우리는 흔히 이렇게 말한다. "이 사람은 매사를 자기 고집대로 할 것이고, 자신이 하고자 하는 일은 무엇이나 하려고 할 거야." 정말로 천국에 대해 그러한 의지를 갖는다는 것은 그곳에서 경주를 하는 사람에게는 대단한 이점利點이 된다. 자신의 의지가 결정되고 확정된 사람은 흔히, "나는 그 유익한 일에 전념하기 위해 최선을 다 할 것이고, 내 적들을 막기 위해 최선의 노력을 다 하겠다. 내가 쓰러지지 않는 한 절대로 포기하지 않을 것이며, 그것을 차지하지 못하면, 나는 차라리 죽는 편이 낫겠다"라고 말한다. "그분께서 나를 죽이실지라도 나는 그분을 신뢰할 것이요"(욥 13:15 KJV흠정역). "…당신이 내게 축복하지 아니하면 가게 하지 아니하겠나이다"(창 32:26).

나는 꼭 하리라. 꼭 하고야 말리라. 오, 천국을 향한 이 축복의 불타는 의지여! 그것은 어떤 것일까? 만일 어떤 사람이 기꺼이 하는 일이라면, 어떤 논쟁도 오히려 격려가 될 것이지만, 그가 별로 내키지 않는 일이라면, 어떤 논쟁도 그에게 실망감만 안겨 줄 것이다.

옛 성도들은 천국을 향한 의지가 자발적이었고, 결단이 되어 있었기 때문에 무엇이 하늘 가는 그들을 막을 수 있었겠는가? 불이나 나무, 또는 올가미, 지독한 지하 감옥, 매질, 곰, 소, 사자, 잔인한 고문拷問, 돌팔매질, 굶주림, 벌거벗기는 형벌 등이 그들을 막을 수 있었을까(히 11장)? "그러나 이 모든 일에 우리를 사랑하시는 이로 말미암아 우리가 넉넉히 이기느니라"(롬 8:37). 그리고 또한 그들은 "주의 권능의 날에 주의 백성이 거룩한 옷을 입고 즐거이 헌신하니…"(시 110:3)라고 말하였다.

다른 한편, 마귀의 자식들을 보라. 그들은 천국을 향해 달음질할 생각이 전혀 없기 때문에 얼마나 많은 속임수들과 변명들을 늘어 놓는가? "난 장가를 들었거든요. 나는 농장을 샀어요. 난 나의 주인의 마음을 상하게 할 것이고, 그렇게 되면 나는 내 일자리를 잃게 될 거예요. 나는 자존심도, 기쁨도 잃게 될 것이고, 나는 조롱을 당할 거예요. 그래서 전 감히 올 수가 없어요." 또 다른 이는 이렇게 말할 것이다. "난 내가 좀 더 나이 들 때까지 기다리겠어요. 내 아이들이 출가할 때까지, 내가 몇 살 더 먹을 때까지, 내가 이런 일, 또 저런 일, 또 다른 사업을 이룰 때까지 기다릴래요." 오, 슬프도다. 그들은 진정으로 할 마음이 없다. 그들이 진정으로 하고자 한다면, 이러한 변명들은 마치 삼손이 그를 묶었던 밧줄을 불탄 삼줄처럼 끊어 버린, 그런 밧줄에 불과한 것이다(삿 15:14).

내가 당신에게 말하노니 의지만 있으면 된다. 이 의지는 바퀴를 앞으로도 돌릴 수 있고, 뒤로도 돌리는 중요한 역할을 한다. 그리고 하나님은 그 사실을 전부 알고 계신 것이다. 마찬가지로 마귀도 역시 다 알고 있다. 따라서 하나님과 마귀는 각각 자신의 종從들의 의지를 강하게 할 수가 있다. 하나님은 자기 백성들로 하여금 그분을 섬기도록 만들고, 사탄은 죄악에 대한 애정을 가지고 자신과 함께 하는 사람들의 의지와 애정을 장악하고자 그가 할 수 있는 모든 일을 행한다.

그러므로 그리스도께서는 이런 문제에 부딪쳤을 때, 다음과 같이 말씀하셨다, "그러나 너희가 영생을 얻기 위하여 내게 오기를 원하지 아니하는도다"(요 5:40). "…암탉이 제 새끼를 날개 아래 모음 같이 내가 너희의 자녀를 모으려 한 일이 몇 번이냐 그러나 너희가 원하지 아니하였도다"(눅 13:34). 마귀도 스스로 자신감을 가질 만큼 충분히 의지를 소유했다. 오, 그러므로 천국과 그리스도를 향한 당신의 의지를 불태워 달라고 하나님께 열심히 간구해야 한다.

만약 당신의 의지가 천국을 향해 올바르게 자리 잡고 있다면, 당신은 결코 실망 따위로 그 길에서 벗어나지는 않을 것이다. 이것이 바로 야곱이 천사와 씨름할 때, 그가 비록 그의 사지四肢 중의 하나를 잃고 그의 허벅지 관절이 탈골되었지만, 그는 분명히 말하고 있다. "…당신이 내게 축복하지 아니하면 가게 하지 아니하겠나이다"(창 32:24-26).

당신의 의지를 하늘나라의 은총을 통해서 견고하게 하고 모든 실망에 대항하도록 당신 스스로 결단하라. 그리고 나서 전속력을 다해 천국을 향해 달음질하라. 그러나 만약 당신이 머뭇거리거나 천국으로 가는 길 위에 있지 아니하면, 당신은 계속해서 절뚝거리며, 이따금 쉬어가면서 달리게 된다는 분명한 사실이다. 그렇게 되면, 결국 당신은 목표에 이르지 못하게 된다. 그러나 하나님은 당신에게 의지와 용기를 주시는 분이시다.

그래서 나는 지금까지 이렇게 천국으로 달려가는 방법을

당신에게 제시해 온 것이다. 당신이 길을 잃지 않도록, 내가 앞에서 당신에게 한 말을 꼭 기억하기 바란다. 나는 당신이 내가 일러둔 모든 것을 깊이 생각해 주기를 바라는 뜻으로, 이 작은 메모지에 요약한 이 모든 것을 꼭 기억하기를 바라는 것이다.

1. 천국으로 가는 길로 들어서라!

2. 천국으로 가는 길에 대하여 계속해서 연구하라!

3. 당신을 방해하는 모든 것들을 없애 버리고 치워 버려라!

4. 샛길을 조심하라!

5. 당신의 주위를 너무 많이 둘러 보지 말고,
당신이 가고 있는 그 길에 대해 깊이 생각하라!

6. 누가 당신을 부르든지, 그것이 세상이든, 육체이든,
사탄이든 간에 절대로 걸음을 멈추지 말라!
왜냐하면, 이들은 할 수만 있다면,
당신의 여행을 방해할 것이기 때문이다.

7. 당신이 달려가는 길에서 만나는 어떠한 좌절에도
낙심하지 말라!

8. 십자가를 만났을 때, 비틀거리지 않도록 조심하라!

9. 하나님께 넓은 마음과 자발적인 마음을 달라고
울부짖어 간구하라! 그러면 하나님께서 당신에게
순조로운 여행을 허락하실 것이다.

4장

중도에 격려가 되는 9가지 동기

나는 당신이 따라야 할 9가지 동기부여의 방안을 제시하고자 한다. 이 동기는 당신이 인생길을 항해하는 중도中途에 당신을 위한 좋은 격려요, 동반자가 될 것이다.

첫 번째 동기: 승리 아니면 패배 이외의 길이 없음을 명심하라.

하나님, 그리스도, 영광, 희락喜樂, 평화, 삶뿐만 아니라 영생까지도 당신의 것이다. 당신은 천국의 천사와도 대등해질 것이다. 더 이상의 슬픔, 한숨, 고통은 없다. 죄, 지옥, 죽음, 사탄, 무덤, 그 외의 어떤 것도 당신을 상하게 하지 못할 것이다. 그러나 반대로 당신이 패배하게 된다면, 천국, 영광, 하나님, 그리스도, 희락, 평화 그리고 영원한 생명도 다 잃게 된다. 그 외에도 영원한 죽음, 슬픔, 고통, 암흑, 사탄과의 교제

만이 남아서 당신의 영혼을 영원히 파멸시키게 될 것이다.

두 번째 동기: 당신의 뒤를 온 힘을 다해 바짝 쫓는 사탄, 지옥 그리고 저주가 당신으로 하여금 죄를 짓도록 하는 임무를 띠고 있음을 생각해 보라.

그러니 주님을 위하여 부지런히 서둘러야 한다.

세 번째 동기: 당신이 피난처에 이르기 전에 사탄이 당신을 따라잡는다면, 당신의 천국 가는 여행은 거기서 영원히 멈추게 될 것이다.

그러므로 목적지를 향해서 전력全力으로 달려가야 한다.

네 번째 동기: 천국의 문과 그리스도의 품은 당신을 받아들이기 위해 활짝 열려 있음을 알아야 한다.

당신을 파멸시키려고 사탄이 당신의 뒤를 바짝 쫓고 있으며, 예수 그리스도가 양팔을 벌려 당신을 맞이하려고 서 계시니 서둘러 온 힘을 다해 질주疾走하라.

다섯 번째 동기: 당신의 시선은 오직 상賞을 얻는 데 집중하라.

당신이 얻게 될 이익을 계속해서 생각하라. 당신의 시선은 미덕, 부드러움, 평안을 응시해야 한다. 그러면 이미 그 상을 얻은 사람들이 지닌 평화를 당신도 누릴 것이다. 그 상은 사도로 하여금 좋은 평판, 나쁜 평판, 박해, 고난, 배고픔, 헐벗음, 바다와 땅에서의 모험, 속박과 감금, 그 어떤 것도 극복하는 힘을 제공해 준다. 또한 돌팔매를 당하거나, 톱으로 켬을 당하거나, 눈이 송곳에 찔리거나, 당신의 몸뚱이가 석쇠 위에서 구워지고, 혀가 잘리고, 커다란 솥 안에서 끓게 될 때, 또는 야수에게 던져질 때, 기둥에 묶이는 등 수천 가지 고통에 시달릴 때에도 그 평화가 당신으로 하여금 견딜 수 있는 힘을 제공해 줄 것이다.

이 세상의 사물이 그렇듯이, "우리가 주목하는 것은 보이는 것이 아니요 보이지 않는 것이니 보이는 것은 잠깐이요 보이지 않는 것은 영원함이라"(고후 4:18). 이 '영원함'이란 말이 어떤 이들에게는 구원을 받을 때가 와도 그 구원을 받으려 하지 않게 하는 요인이 된다. 왜냐하면, 그들은 '더 좋은 부활'을 얻기 위해 이 세상에 왔음을 알기 때문이다(히 11:35).

어떤 처소處所가 진귀珍貴하다고 해서 "이곳은 내게 너무 좋다"고 말하지 말라. 당신에게 이르노니, 천국은 천국을 받아들이는 모든 사람을 위해 준비가 되어 있으므로 그들은 진정한 환영을 받을 것이다. 당신이 천국에 이를 때, 당신의 모습이 아주 초라해도 괜찮다. 저 더러운 거지 나사로도 천국에 들어가지 않았는가? 그렇다. 천국은 가난한 이들을 위해 준비된 곳이다. 초대교회 지도자였던 야고보는 "내 사랑하는 형제들아 들을지어다 하나님이 세상에서 가난한 자를 택하사 믿음에 부요하게 하시고 또 자기를 사랑하는 자들에게 약속하신 나라를 상속으로 받게 하지 아니하셨느냐"(약 2:5)라고 말했다.

그러므로 용기를 내어 달려라.

여섯 번째 동기: 당신보다 앞서 간 자들에 대하여 많이 생각하라.

먼저, 사실 그들은 천국에 들어갔다. 그리고 예수 그리스도의 품속에서 그들은 매우 안전하다. 그들이 다시 이 세상에 돌아올까? 돌아온다면 하나님이 그들을 환영하지 않을 것을 두려워할까? 그 다음에 당신이 중도에서 낙심하기 시작하고 있음을 그들이 안다면, 또는 죄의 유혹으로 당신이 천국으로의 여행을 포기하리라는 것을 안다면, 그들은 당신을 어떻게 판단할까? 그들은 당신을 아주 어리석은 바보라고 부르면서, "오, 우리가 보는 것을 너희는 보지 못하는도다. 우리가 느끼고 맛보는 것과 우리의 즐거움의 천분의 일이라도 저들이 볼 수 있다면, 저들은 어떻게 할까? 저들은 어떤 고통을 당하게 될까? 여행을 마치지 못하고 중단하면 어찌 되는가? 저들은 죄를 더 좋아하는가? 저들이 속세를 좋아하는가? 친구 또는 폭군이 할 수 있는 온갖 위협으로 두려워 움츠러들지 않을까?"라고 말할 것이다. 아니 천국과 멀리 떨어져 있을 때에도, 믿음으로 저 모든 것을 극복한 자들은 봄에 새들이 노래하는 것처럼 평안하고 즐거운 마음으로 천국을 향해 가는 것을 막을 수는 없을 것이다.

때로는 보잘것없는 당신의 마음이 세상으로 기울어지거나 천국을 향한 당신의 여행이 지체되며 오랜 시간이 걸릴 때, 천국의 천사들과 성도들이 즐기는 것, 즉 이 세상에 대한 그들의 생각, 또 당신의 마음이 움츠러들고 있다는 것을 저들이 안다면, 얼마나 한심스러워할지에 대해 생각해 보기 바란다. 바로 그런 생각은 당신이 돌진할 수 있는 힘이 될 것이며, 보잘것없고, 천하고, 공허하며, 초라한 것들을 개의介意치 않게 되며, 당신은 다음과 같이 말하게 될 것이다. "힘을 내시오.

지쳐서는 안 됩니다. 천국을 바라보시오. 천국을 위해서라면, 어떤 모험도 감수하시오."

아브라함, 다윗, 바울과 나머지 성도들도 틀림없이 당시에는 세상적으로 아주 현명한 이들이었지만, 이 영광스런 천국을 위해 모든 것을 잃었던 것이다. 아! 쓸모없는 욕심을 버리고 의를 따라서 주 예수 그리스도에 대한 사랑과 경외심으로 당신 자신을 헌신해야 한다. 주님이 당신에게 멋진 상을 내리시리라는 것을 나는 확신한다. 독자여, 당신은 이 일에 대하여 무슨 말을 하려는지? 나를 따르기로 결심하였는지? 아니, 할 수 있다면 나보다 앞서 나아가라. "너희도 상을 받도록 달음질하라."

일곱 번째 동기: 당신이 지칠 때에도 좀 더 용기를 내어서 계속 정진精進한다면, 예수 그리스도께서 당신을 인도하실 것이다.

자신의 경주를 시작하는 어느 가난한 영혼이라도 그것이면 충분하지 않을까? 아마 당신은 "아, 난 너무 연약하단 말이야. 나는 어린 양에 불과해"라고 말하면서 울지도 모른다. 그리스도는 사랑이시다. 그러므로 당신이 지칠 때에도 예수께서 그분의 품 속에 당신을 품어 주실 것이다. "그는 목자 같이 양 떼를 먹이시며 어린 양을 그 팔로 모아 품에 안으시며 젖먹이는 암컷들을 온순히 인도하시리로다"(사 40:11). 세상의 아버지들도 "사랑하는 얘들아, 네가 지칠 때에 내가 너를 품에 안고 가마"하고 자녀들에게 용기를 주는 법이다. "예수님이 어린 양을 그 팔로 모아 품에 안으시리로다"하신 말씀처럼 저들이 지칠 때에도 그분이 당신을 안아 주실 것이다.

여덟 번째 동기: 예수 그리스도께서는 천국에서 당신의 영혼에 새 힘을 주실 것이다.

"소년이라도 피곤하며 곤비하며 장정이라도 넘어지며 쓰러지되 오직 여호와를 앙망하는 자는 새 힘을 얻으리니 독수리가 날개치며 올라감 같을 것이요 달음박질하여도 곤비하지 아니하겠고 걸어가도 피곤하지 아니하리로다"(사 40:30-31).

앞에서 말한 것 이 외에 내가 또 무슨 말을 하리요? 당신은 평안히 누우며, 맛있는 음식, 그리스도의 품 그리고 천국의 기쁨을 누릴 것이다. 내가 그 모든 것의 풍성함에 대하여, 또 전과정全過程에 대하여 말할 수 있을까? 한 가지 분명한 것은 그 고귀함을 내가 다 설명하기에는 너무도 벅차다는 사실이다.

아홉 번째 동기: 나는 다시 사탄과 그 사탄의 하수인들의 노력이 천국과 복락을 갈망하는 당신으로 하여금 아주 빨리 달릴 수 있게 해 주리라고 생각한다.

사탄은 기회를 놓치지 않으며, 물불 가리지 않고 달려들 것이다. 사탄의 하수인들도 역시 마찬가지로 그들 자신과 다른 사람들까지 파멸에 이르게 한다. 그러므로 우리도 우리 자신의 구원을 위하여 부지런해야 하지 않겠는가?

세상 사람들은 보잘것없고 썩어 없어질 세상의 왕관을 위해서 왜 그들의 영혼이 파멸될 위험을 무릅쓰는가? 우리는 왜 영원한 왕관을 원하면서 보잘것없는 사소한 것도 잃지 않으려고 애를 쓰는가? 왜 우리는 사랑의 하나님, 속죄의 그리스도, 평안의 성령, 천국에 있는 성도들과 천사들과의 교제와 같은 영원한 우리의 동반자를 잃게 될 수 있는 위험을 감수하려 하는가? 이 모든 것을 잃은 세상 사람들은 무미건조하고, 술 취하며, 거짓 증거하고, 탐욕스러운 이들과 무엇이 다르단 말인가?

더구나, 내가 앞에서 언급한 저 불쌍하고 천박하며 경멸스러운 것들을 잃을지라도 우리는 가능한 한 열심히 일하고 더 빨리 달리며, 기쁨으로 구하고, 몇 백 배 더 부지런하고 영광스러우며, 영원한 친구와의 교제를 위해 애써야 하지 않겠는가? 최후 심판의 날에 사악한 자들이 당신보다도 수천만 배 더 서둘러 지옥으로 치닫게 했노라고 말하게 되지 않겠는가? 아 그렇게 되지 않도록 하라. 전력을 다하여 분투奮鬪해야 한다.

사소한 것이긴 해도 내가 여기서 이른 것을 당신은 명심하기 바란다. 나는 이제 이미 말한 것을 이용하고 적용하는 방법을 제시하며 결론을 맺고자 한다.

5장

이 주제의 9가지 적용

첫 번째 적용: 당신도 알다시피, 천국에 들어가려는 사람은 급히 달려가야만 한다.

그냥 달리지만 말고, 방해하는 모든 것을 제쳐 놓고 열심히 계속 달려야 한다. 자, 이제 천국을 향해 그렇게 달리고 있는가? 두 가지를 좀 더 살펴보기로 하자.

첫째, 당신은 올바른 길에 들어서 있는가? 당신은 그리스도의 의義 가운데 있는가? 진정 그리스도의 의로우심 속에 당신이 있지 않으면서 올바른 길 위에 있다고 대답하려는가? 당신도 알다시피 잘못된 길에 있으면서 올바른 길에 있다고 생각하는 것은 위험한 것이다. 그 다음 단계에 가서 길을 잃게 되기 때문이다.

뿐만 아니라 당신이 천국을 향해 달리고 있다고 말하듯이 설령 그가 천국을 향해 달리고 있다 해도 그는 길을 잃게 되고야 말 것이다. 대부분의 사람들이 올바른 길에 한 걸음도 들여놓지 못한 채, 올바른 길을 달리고 있다고 스스로 자위하는 것은 아주 불행한 일이다. 하나님이 여기에서 당신에게 분별력을 주실 것이다. 그렇지 않으면 당신은 영원히 뜻을 이루지 못하게 된다.

내가 당신의 영혼에게 이르노니, 죄와 독선에서 벗어나서 예수 그리스도의 의로움 속으로 들어서야 하는 사람이 바로 당신 자신이다.

그리스도 안에 있는 당신의 모습을 볼 수 있는가? 온 세상보다 그리스도가 진정 당신에게 더 귀한 존재인가? 당신의 마음이 항상 그리스도를 의지하고 있는가? 예수 그리스도에 관해 이야기하며 그분과 함께 걷는 것이 즐거운가? 당신은 예수님과 동행하는 것을 세상의 그 무엇보다도 더 귀하게 생각하는가? 그리스도와의 교제가 없다면, 세상 모든 것이 가련하고 생기가 없으며 공허하고 헛되다고 생각하는가? 예수님과 동행하면 모든 것이 달콤하고, 그분과 함께하지 않으면 모든 것이 고통스러운가? 당신에게 간절히 이르노니, 신실한 마음으로 이 사실을 명심하기 바란다. 진실한 마음의 바탕이 없이 당신의 영혼의 구원이나 파멸과 같은 아주 중요한 문제를 생각하지도 말아야 한다.

둘째, 당신은 자존심, 쾌락, 이익, 욕망, 허영과 같은 세상 것들에 대한 욕심에서 자유로운가? 당신이 당신의 죄, 욕망과 더불어 세상 것들을 마음속에 지니고서도 충분히 빨리 달릴 수 있다고 생각하는가? 당신의 영혼에게 말하노니, 세상의 모든 것, 모든 욕심과 죄를 밀어두고, 가장 약삭빠른 태도를 취하는 사람들은 계속해서 빨리 달려가는 것이 어렵다. 모든 반대와 충돌과 장애물과 난관難關과 함정을 헤치고 달리기 위해서 사탄, 죄, 속세, 그들 자신의 사악한 마음은 제 갈 길을 가게 내버려두고 당신은 이 모든 얽힘으로부터 벗어나야 한다. 당신이 천국을 향해 가고 있다 하더라도 그건 결코 쉬운 일이 아니다.

당신은 이런 세상 것들로부터 벗어나 자유로운 상태인가? 만일 그렇지 못하다면 천국에 가는 것에 관한 이야기는 하지도 말아야 한다. “좁은 문으로 들어가기를 힘쓰라 … 들어가기를 구하여도 못하는 자가 많으리라”(눅 13:24). 많은 사람들 가운데 당신이 속해 있다는 사실은 두려운 일이다.

두 번째 적용: 그렇다면 천국에 이르는 길의 절반도 가기 전에 지쳐버리는 사람은 어떻게 되는가?

구원에 이르는 자는 끝까지 달려가는 사람이다. 모든 것을 극복한 사람이 모든 것을 상속받게 된다. 달음질을 시작한 모든 사람이 다 상을 얻는 것은 아니다. 아그립바는 갑작스럽게 닥친 일에 대해 제대로 조치를 취하였다. 그는 채 반 시간도 안 되어 예수님의 품에 거의 안길 뻔하였다. 아그립바가 바울더러 말하기를, "네가 적은 말로 나를 권하여 [거의] 그리스도인이 되게 하려 하는도다"(행 26:28). 아, 그러나 '거의'일 뿐이다. 그래서 그는 마치 아무 말도 하지 않은 것이나 마찬가지였다. 그의 인생 행로는 훌륭했으나 부족하였다. 아, 이 거의란 말이 영혼을 파멸에 이르게 한다.

천국에 거의 도달할 뻔한 사람이 그 거의라는 말로 인해서 지옥에서 고통을 받는 것이다. 그들은 고통 속에서 "나는 거의 그리스도인이며, 거의 천국에 이르렀고, 사탄의 손에서 거의 벗어났으며, 내 죄에서도 거의 벗어났고, 하나님의 형벌로부터도 거의 벗어났었다"고 울부짖을 것이다. 거의라는 말은 곧, 끝장을 뜻한다. 거의라는 말은 결코 전부가 아니다. 천국에 거의 이르렀다는 말은 결코 천국을 통과한 것이 아니다.

천국 문 바로 앞에서 주저앉아 버리는 것과 안식의 처소의 목전에서 지쳐버리는 것은 정말로 슬픈 일이다. 그리고 만일 이것이 당신의 경우라면, 당신은 상을 얻기 위해 달리지 않을 것이 분명하다.

세 번째 적용: 그 다음으로 천국을 향해 급히 달려가거나 심지어 다른 많은 이들을 앞질러 간 사람들은 어떻게 될까?

아마 지금쯤 그만큼 빨리 되돌아오고 있지 않을까? 당신은 그들이 천국에 들어가리라고 생각하는가? 무엇 때문에 죄악이나, 속세나, 사탄이나 육신의 욕망으로 인해 다시 되돌아온단 말인가? 오! "의의 도를 안 후에 받은 거룩한 명령을 저버리는 것보다 알지 못하는 것이 도리어 그들에게 나으니라"(벧후 2:21). 저들은 그들의 죄로 인하여 파멸할 뿐만 아니라 예수 그리스도보다 죄가 더 좋다고 모든 세상 사람들에게 말할 것이다. 되돌아오는 자들은 "나는 그리스도를 시험해 보았고, 죄를 시험해 보았다. 그러나 죄에서보다 그리스도에게서 더 많은 이익을 찾을 수는 없었다"고 말할지도 모른다. 저들이 다시 되돌아 오는 것만으로도 이 사실을 선포하는 결과가 된다.

아, 슬프도다! 천국의 문 앞에 거의 이르른 사람들이 되돌아오다니 이 무슨 운명의 장난이란 말인가? 예수 그리스도가 사도들에게, "…뒤로 물러가면 내 마음이 그를 기뻐하지 아니하리라 하셨느니라"(히 10:38). "손에 쟁기를 잡고 뒤를 돌아보는 자는 하나님의 나라에 합당하지 아니하리라"(눅 9:62)고 말씀하셨다. 그리고 천국에 합당하지 않다면, 지옥의 불구덩이에 합당하다는 말이 된다. 그러므로 히브리서 저자가 이르기를, "가시와 엉겅퀴를 내면 버림을 당하고 저주함에 가까워 그 마지막은 불사름이 되리라"(히 6:8)고 했다.

오! 저들을 위하여 피흘리며 돌아가신 그리스도는 한 분뿐이시요, 또 다른 예수가 계시지 않는다. 우리가 이같이 "위대한 구원"(히 2:3)을 등한히 여기면, 저들이 어찌 거절과 등 돌림을 피할 수 있단 말인가? 저들이 추구하는 의가 천국으로 향하는 충분한 목표라면, 믿음이 없어서 타락한 죄인은 어디에 다시 발을 붙일 수 있을까? 만일 배신자 가룟 유다나 타락한 프란시스 스피라가 다시 살아나 타락한 나머지 영혼들이 겪은 내용을 세상 사람들에게 말한다면, 틀림없이 그 이야기는 저들이 이 세상을 살아가는 동안 내내 잊혀지지 않을 것이며, 중도에 되돌아오는 것을 두렵게 생각할 것이다.

네 번째 적용: 저들에게 아무리 열정이 있다 해도 고요히 앉아서 천국에 한 발도 들여놓지 못한 자들과 얼마나 유사類似한가?

분명히 타락한 자와 죄악 가운데 조용히 앉아 있는 자는 둘 다 같은 마음이다. 이들은 둘 다 자신의 죄와 이 세상의 것들을 사랑하기 때문에 꼼짝도 하지 않거나, 되돌아 달려가는 것이다. 그들은 완전히 똑같은 사람들이다. 이런 점에서 그들은 한 치도 다르지 않으며, 내세에서는 똑같이 지옥으로 떨어지지 않겠는가? 그들은 그리스도에게 전혀 관심을 갖지 않는, 믿음 없는 자들이거나, 전에는 그리스도를 알았으나 다시 달아나 버린 나약한 자들이다. 그러므로 그리스도는 그 두 부류의 사람들 모두에게 말할 것이다. "…저주를 받은 자들아 나를 떠나 마귀와 그 사자들을 위하여 예비된 영원한 불에 들어가라"(마 25:41).

다섯 번째 적용: 만일 저들이 승리하고자 한다면, 발걸음을 재촉하여 달려가야 한다.

뒤떨어진 자들이 가장 빨리 달릴 필요가 있다는 것을 당신도 알 것이다. 당신이 1년을 갈 때, 10년을 달린 사람이 있다.

아니, 당신이 5년을 갈 때, 20년을 간 사람이 있다. 그러나 당신이 그들과 함께 이야기해 보면, 그들이 시간에 맞춰 당도하게 될른지 염려하는 소리를 듣게 될 것이다. 그렇다면, 당신은 어떻게 도달할 수 있겠는가? 그러므로 명심하라. 단 한 시간도 지체할 시간이 없다. 당신의 여행을 방해하는 모든 것과 헤어져 신속하게 달려가라. 그렇다. 상을 얻기 위해 달려가라.

여섯 번째 적용: 스스로 오랜 믿음을 지녔다고 자처하는 당신은 불과 며칠 전에 달리기를 시작해서 아직 당신을 따라잡지 못한 예수의 젊은 성도를 조심해야 한다.

"먼저 된 자로서 나중 되고 나중 된 자로서 먼저 될 자가 많으니라"(마 19:30)는 성경 말씀은 당신에게는 부끄러움이 되고, 그 젊은 성도에게는 영광이 된다. 젊은 병사는 여러 차례 전쟁을 겪은 병사보다 더욱 용감하기 마련이니까.

당신이 뒤처져 있다면, 당신 앞에 있는 자들을 앞지르도록 노력하라. 당신이 앞서 있다면, 될 수 있는 대로 믿음과 사랑으로 당신의 자리를 지켜나가고 계속해서 앞서 나아가야 한다. 진실로 '의로운 경주'란 다른 이들보다 앞서려고 노력하는 것이다. 또한 가장 뒤에 달리는 자가 가장 앞선 자를 따라잡기 위해 노력하는 것이기도 하다. 그러니 앞선 자는 자신의 자리를 지키기 위하여 반드시 최선을 다해 노력해야 한다.

일곱 번째 적용: 가장 뒤처져 있는 사람과 교제를 유지하는 것으로 충분하다고 생각하는 자들은 처신을 아주 잘못하는 것이며 승리할 가능성도 없다.

스스로 천국을 향해 달려가고 있다고 말하는 사람들이 있다. 그러나 만일, 시골 촌구석에 좀 게으르고 나태하며, 냉담하고 열의가 부족한 성도들이 있을 경우, 이들은 틀림없이 저들을 본보기로 따르게 될 것이다. 이들은 그들과 보조를 맞출 수만 있으면, 자기들이 잘하는 일이라 생각하고, 뒤쳐져 상을 얻지 못하리라는 것을 깨닫지도 못한다. 당신이 알다시피, 저들은 마치 미련한 처녀들이 너무 늦어서 막대한 희생을 치른 것같이 고통을 당할 것이다. "…준비하였던 자들은 함께 혼인 잔치에 들어가고 문은 닫힌지라 그 후에 남은 처녀들이 와서 이르되 주여 주여 우리에게 [문을] 열어 주소서 대답하여 이르되 진실로 너희에게 이르노니 내가 너희를 알지 못하노라 하였느니라"(마 25:10-12). 게으른 신자여, 냉담한 신자여, 나태한 신자여, 당장 출발하라!

오! 게으른 신자들의 낭패에 대한 하나님의 말씀은 너무도 평범하여 저들이 주목하지도 않는다. 느릿느릿 걸어가면서 소돔성에 남겨 둔 것들을 단 한 번 뒤돌아보았던 롯의 아내는 어찌 되었는가? 장자의 축복을 받기 위해 너무 오랫동안 기다렸던 에서는 어찌 되었는가? 누가복음 13장에 나오는 것처럼 문이 닫히기까지 기다렸던 자들은 어찌 되었는가(눅 13:25)? 미련한 처녀들을 다시 생각해 보기 바란다.

지나치게 오래 기다린 자들은 몹시 신음하게 될 것이다. 롯의 아내는 결국 소금 기둥이 되었다(창 19:26). 에서는 큰 소리로 구하며, 회개할 기회를 얻지 못해 버린 바가 되어 울 수밖에 없었다(히 12:17). 스승을 팔아 버린 가룟 유다는 스스로 목을 매달아 죽었다(마 27:5). 그렇다. 당신이 천국으로 가는 길을 벗어나게 되면, 당신은 자신이 태어난 날을 저주하게 될 것이다.

여덟 번째 적용: 당신이 느릿느릿 걸어간다면, 당신 스스로 파멸할 뿐만 아니라 다른 사람들이 저주하는 원인이 된다는 것을 생각해야 한다.

다른 이들이 당신을 주목하고 있다는 사실은 알아야 한다.

당신은 불쌍하고 냉담하며 느릿느릿 걸어가기 때문에 저들이 당신과 함께 세상의 기쁨을 추구하려고 한다. 또 다른 이들도 역시 똑같은 것을 생각할 것이다. 세상 사람들은 말하기를, "아니요, 저 사람도 하는데 왜 우리라고 못합니까? 저들은 신자라고 스스로 공언하면서 쾌락과 부富와 이익을 추구하고 있습니다. 저들은 헛된 교제를 좋아하며, 오만하기도 합니다. 그러면서도 저들은 천국에 들어 갈 것이라고 말합니다. 그렇습니다. 저들은 두려움이 전혀 없으며, 융숭한 대접을 받을 것이라고도 합니다. 그러니 우리도 저들을 따라가는 겁니다. 그러면 우리는 그 이상으로 대접을 받을 것이니까요"라고 할 것이다.

오! 천국으로 향해 가는 중도中途에서 당신이 걸음을 멈추어서, 그것이 다른 이들로 하여금 낭패하게 하는 원인을 제공하게 된다면, 이 얼마나 두려운 일이겠는가? 조심하기 바란다. 당신은 하나님의 심판대 앞에 서서 당신 영혼의 파멸이나 다른 이들의 실패를 설명할 만한 기력이 없을 것이다. 결국 당신이 다른 이들이 천국에 들어가는 것을 막은 셈이 되는 것이다. 그 비난에 당신은 뭐라고 대답하겠는가? 당신 자신도, 당신이 방해한 그 사람들도 모두 천국에는 들어가지 못하게 될 것이다. 사실은 당신 스스로의 게으름이 다른 사람들에게도 본보기가 되어 모두 다 천국 문의 밖에 영원히 머물게 되는 것이다.

아홉 번째 적용: 이제 당신에게 결론적으로, 두 가지를 말하고자 한다.

첫째, 예수 그리스도의 이름으로 내가 당신에게 이르노니, 당신 중에 누구도 천국으로 가는 중도에서 너무 나태하게 길을 달려 당신 자신이나 다른 이들을 방해해서는 안된다.

만일 어떤 자가 가장 느리게 달려가면서 잠시 머물다 가는 인생길에서 위험을 무릅쓰며, 길가 여기저기에 널려 있는 양털 실타래를 집어들고, 이따금 지푸라기나 썩은 막대를 비켜가면서, 자신의 행복을 소홀히 여기며 달려가는 자를 만나려 한다면, 당신은 그를 비난할 것이다. 그러나 당신은 결국 똑같은 일을 하는 당신 자신은 비난하지 않는다. 아니 설상가상으로 당신이 중도에서 나태했다면, 문제는 당신의 영혼, 천국, 영광을 모두 잃게 되는 것이다. 주의하고 또 조심하라! 오 가엾은 죄인이여!

둘째, 내가 이런 충고를 해 주는데도 불구하고 영광으로 가는 중도에서 늦장을 부리고 빈둥거리는 자가 있다면, 당신은 그를 본보기로 바라보지 않을 만큼 지혜로와야 한다.

예수 그리스도를 따르지 않는 자에게서는 배울 것이 없다. "믿음의 주요 또 온전하게 하시는 이인 예수를 바라보자 그는 그 앞에 있는 기쁨을 위하여 십자가를 참으사 … 하나님 보좌 우편에 앉으신 예수"(히 12:2)만 바라보아야 한다. 다시 말하거니와, 그리스도를 따르지 않는 자에게는 배울 것이 없다는 사실을 반드시 기억하기 바란다. 사도 바울은 "내가 그리스도를 본받는 자가 된 것 같이 너희는 나를 본받는 자가 되라"(고전 11:1)고 말하였다. 바울이 특별한 사람이기는 하지만, 그의 간곡한 권유는 그리스도를 따라가는 자들 이외에는 아무도 따라가서는 안 된다는 것을 뜻하는 것이다.

6장

앞만 보고 달려야 하는 4가지 동기

이제 앞만 보고 달리기 위해서 다음과 같은 사실을 주목하기 바란다.

롯과 그의 아내가 저주받은 멸망의 소돔성으로부터 그들의 목숨을 구하기 위해 산으로 달려가고 있을 때, 그의 아내는 뒤를 돌아보았기 때문에 소금 기둥이 되었다. 이렇게 롯의 아내는 뒤를 돌아보아 하나님의 심판이 그녀에게 임했지만, 롯은 자기의 뒤를 절대로 돌아보지 않았다는 사실을 우리는 잘 알고 있다.

나는 이 대목에서 종종 롯에 대해 의아심을 갖게 된다. 그의 아내는 뒤를 돌아보다가 즉사하고 만다. 하지만 롯은 아내에게 무슨 일이 일어났는지 보기 위하여 뒤를 돌아보지 않았다. 롯은 그의 아내가 있었던 곳이나, 그의 아내가 어떻게 되었는지 바라보았다는 기사記事를 우리는 읽어 볼 수 없다. 롯의 마음은 오직 자신의 달리는 여행에만 쏠려 있었고, 결과적으로 그것은 그가 잘한 일이었다. 자신의 앞에는 큰 산이 가로막고 있었고, 뒤쪽에는 유황불이 타오르고 있었다. 그의 생명은 일촉즉발의 상황이었다. 만일 롯이 뒤를 돌아본다면, 그의 생명도 잃어버릴 찰나刹那였다(창 19:12-26).

당신도 이 사람처럼 달음질하고 있는가? 인생의 달음질을 할 때, 롯의 아내와 그녀의 운명을 기억해야만 한다. 왜 그녀에게 그 같은 운명이 밀어닥쳐 왔는지 반드시 기억해야 한다. 또 하나님께서는 롯의 아내를 모든 나태한 경주자들에게 본보기로 삼으신 것이다. 당신도 그녀의 본보기를 따르지 않도록 유념留念하지 않으면 안 된다. 만일 이 사실이 당신을 별로 자극刺戟하지 못한다면, 앞만 보고 달려야 하는 4가지 동기를 마음 깊이 생각해 보아야 한다.

첫째, 당신의 영혼은 당신 자신의 것인데, 그 영혼은 구원을 받거나 아니면 멸망을 받거나 두 가지 중의 하나가 되게 마련이다.

당신이 나태하다고 해서 당신이 잃는 것은 나의 영혼이 아니다. 당신이 나태해서 잃게 되는 것은 당신의 영혼이요, 당신의 평안이요, 당신의 평화이며, 당신의 이익이다. 당신이 잘 해주고 싶은 대상이 만일 나의 영혼이라면, 이성적理性的으로 생각해 볼 때, 당신은 스스로 불쌍하다는 생각을 하게 될 것이다. 그러나 어쩌면 좋단 말인가! 당신이 잃는 것은 당신 자신이며 당신의 영혼이다. "사람이 만일 온 천하를 얻고도 자기 목숨을 잃으면 무엇이 유익하리요"(막 8:36)라는 말씀을 꼭 기억하기 바란다. 하나님의 백성들은 다른 사람들이 잘 되기를 소망한다. 하물며 당신은 당신의 영혼이 잘 되기를 소망하지 않겠는가? 이 말조차도 당신을 별로 자극하지 못한다면, 다시 한번 생각해 보기 바란다.

둘째, 만일 당신이 당신의 영혼을 잃는다면, 당신의 허물은 밝히 드러나게 마련이다.

아담의 아들 가인이 그의 동생 아벨을 돌보지 않음으로써 가인은 정신적으로 온전하지 못하게 된 것이다. 당신이 자신의 영혼을 돌보지 않는다는 사실은 당신을 얼마나 혼란에 빠뜨리게 하는가? 만일 이 사실도 당신의 마음을 뒤흔들어 놓을 만큼 당신을 자극하지 못한다면, 다시 한번 생각해 보기 바란다.

셋째, 만일 당신이 달리려 하지 않는다면, 하나님의 백성들은 마치 롯이 그의 아내를 위해서 뒤를 돌아보지 않았던 것처럼 당신을 그렇게 취급하게 된다.

다시 말하면, 당신을 그들 뒤에 쳐지게 한다는 말이다. 그것은 마치 당신에게 아버지와 어머니와 형제들이 있는데, 그들만 재빨리 천국을 향해 가고 있는 경우와도 같다. 이때 당신만 혼자 뒤에 처져 있고 싶은가? 물론 아닐 것이다.

넷째, 시골 촌구석에 살고 있는 소년이나 소녀가 당신보다 훨씬 더 지혜롭다는 사실을 안다면, 당신은 심한 모욕감侮辱感을 느끼지 않겠는가?

이것은 흡사 마부馬夫나 농사꾼이나 또는 부엌데기와 같은 하인들이 그들의 주인보다도 더 열심히 천국을 사모하는 것과도 같다. 나는 이따금 주인들보다는 종들이, 지주地主들보다는 소작농小作農들이 하늘나라를 상속받게 될 것이라는 생각을 해 보게 된다. 이런 사실은 주인들이나 지주들에게 수치羞恥가 되지 않겠는가?

당신보다 미천한 사람들이 이 세상 일에 있어서 당신보다 더 지혜롭다고 말한다면, 아마 당신은 그 사실을 부인하고 경멸할 것이다. 하지만 나는 담대히 말하거니와 당신보다 미친 한 사람들 중에서 많은 사람들이 우리 모두의 지대至大한 관심사인 '다가오는 세계'에서는 당신보다 훨씬 더 지혜로울 수 있다는 사실이다.

에필로그 : 짤막한 권유의 말

운동장에서 달음질하는 자들이 다 달릴지라도
오직 상을 받는 사람은 한 사람인 줄을 너희가 알지 못하느냐
너희도 상을 받도록 이와 같이 달음질하라
고린도전서 9:24

죄인의 신분인 그대여,
당신은 무슨 말을 하려는가?
당신의 양심은 어디 있는가?
당신은 달음질하고픈 생각이 있는가?
모든 거추장스러운 것을 벗어 내던질 결심이 되어 있는가?
아니면 그렇지 못한가? 재빨리 결정하기 바란다!

이것은 장난으로 농담할 일이 아니다. 육체와 세상과 타협하지 말라. 하늘을 쳐다보고 당신이 천국天國을 얼마나 사모하는지 당신 스스로 확인해 보라. 이번에는 지옥地獄을 바라보면서 당신의 생각을 점검해 보기 바란다.

내가 쓴 책, 「지옥의 한숨 소리」A Few Sighs from Hell 혹은 「저주받은 영혼의 신음 소리」The Groans of a Damned Soul를 읽어 보면 지옥에 대해서 어느 정도 이해가 갈 것이다. 내가 바라건대, 당신이 이 두 가지 책을 진지하게 읽어 보기 바란다.

만일 당신이 '하늘 가는 그 길'에 대하여 잘 모르겠거든, 하나님의 말씀에 매달리라. 만일 당신이 격려받기를 원한다면, 주님이 주신 약속에 대하여 마음속으로 깊이 생각해 보기 바란다. 시간이 늦기 전에 시작해야 한다는 것을 확실하게 말해 둔다. 바야흐로 '천국으로 가는 길'에 들어서야 한다. 빨리 달려가야 하며, 또한 끝까지 버텨내야 한다. 그러면 주님께서 당신에게 순조로운 천국 여행길을 보장해 주실 것이다.

안녕!

천국과 지옥 - 성구

천국

○ 회개하라 천국이 가까이 왔느니라 하였으니[마 3:2]

○ 이때부터 예수께서 비로소 전파하여 이르시되 회개하라 천국이 가까이 왔느니라 하시더라[마 4:17]

○ 예수께서 온 갈릴리에 두루 다니사 그들의 회당에서 가르치시며 천국 복음을 전파하시며 백성 중의 모든 병과 모든 약한 것을 고치시니[마 4:23]

○ 심령이 가난한 자는 복이 있나니 천국이 그들의 것임이요[마 5:3]

○ 의를 위하여 박해를 받은 자는 복이 있나니 천국이 그들의 것임이라[마 5:10]

○ 그러므로 누구든지 이 계명 중의 지극히 작은 것 하나라도 버리고 또 그같이 사람을 가르치는 자는 천국에서 지극히 작다 일컬음을 받을 것이요 누구든지 이를 행하며 가르치는 자는 천국에서 크다

일컬음을 받으리라[마 5:19]

○ 내가 너희에게 이르노니 너희 의가 서기관과 바리새인보다 더 낫지 못하면 결코 천국에 들어가지 못하리라[마 5:20]

○ 나더러 주여 주여 하는 자마다 다 천국에 들어갈 것이 아니요 다만 하늘에 계신 내 아버지의 뜻대로 행하는 자라야 들어가리라[마 7:21]

○ 또 너희에게 이르노니 동서로부터 많은 사람이 이르러 아브라함과 이삭과 야곱과 함께 천국에 앉으려니와[마 8:11]

○ 예수께서 모든 도시와 마을에 두루 다니사 그들의 회당에서 가르치시며 천국 복음을 전파하시며 모든 병과 모든 약한 것을 고치시니라[마 9:35]

○ 가면서 전파하여 말하되 천국이 가까이 왔다 하고[마 10:7]

○ 내가 진실로 너희에게 말하노니 여자가 낳은 자 중에 세례 요한보다 큰 이가 일어남이 없도다 그러나 천국에서는 극히 작은 자라도 그보다 크니라[마 11:11]

○ 세례 요한의 때부터 지금까지 천국은 침노를 당하나니 침노하는 자는 빼앗느니라[마 11:12]

○ 대답하여 이르시되 천국의 비밀을 아는 것이 너희에게는 허락되었으나 그들에게는 아니되었나니[마 13:11]

○ 아무나 천국 말씀을 듣고 깨닫지 못할 때는 악한 자가 와서 그 마음에 뿌려진 것을 빼앗나니 이는 곧 길 가에 뿌려진 자요[마 13:19]

○ 예수께서 그들 앞에 또 비유를 들어 이르시되 천국은 좋은 씨를

제 밭에 뿌린 사람과 같으니[마 13:24]

○ 또 비유를 들어 이르시되 천국은 마치 사람이 자기 밭에 갖다 심은 겨자씨 한 알 같으니[마 13:31]

○ 또 비유로 말씀하시되 천국은 마치 여자가 가루 서 말 속에 갖다 넣어 전부 부풀게 한 누룩과 같으니라[마 13:33]

○ 밭은 세상이요 좋은 씨는 천국의 아들들이요 가라지는 악한 자의 아들들이요[마 13:38]

○ 천국은 마치 밭에 감추인 보화와 같으니 사람이 이를 발견한 후 숨겨 두고 기뻐하며 돌아가서 자기의 소유를 다 팔아 그 밭을 사느니라[마 13:44]

○ 또 천국은 마치 좋은 진주를 구하는 장사와 같으니[마 13:45]

○ 또 천국은 마치 바다에 치고 각종 물고기를 모는 그물과 같으니[마 13:47]

○ 예수께서 이르시되 그러므로 천국의 제자된 서기관마다 마치 새 것과 옛것을 그 곳간에서 내오는 집주인과 같으니라[마 13:52]

○ 내가 천국 열쇠를 네게 주리니 네가 땅에서 무엇이든지 매면 하늘에서도 매일 것이요 네가 땅에서 무엇이든지 풀면 하늘에서도 풀리리라 하시고[마 16:19]

○ 그 때에 제자들이 예수께 나아와 이르되 천국에서는 누가 크니이까[마 18:1]

○ 이르시되 진실로 너희에게 이르노니 너희가 돌이켜 어린아이들과 같이 되지 아니하면 결단코 천국에 들어가지 못하리라[마 18:3]

○ 그러므로 누구든지 이 어린아이와 같이 자기를 낮추는 사람이 천국에서 큰 자니라[마 18:4]

○ 그러므로 천국은 그 종들과 결산하려 하던 어떤 임금과 같으니[마 18:23]

○ 어머니의 태로부터 된 고자도 있고 사람이 만든 고자도 있고 천국을 위하여 스스로 된 고자도 있도다 이 말을 받을 만한 자는 받을지어다[마 19:12]

○ 예수께서 이르시되 어린아이들을 용납하고 내게 오는 것을 금하지 말라 천국이 이런 사람의 것이니라 하시고[마 19:14]

○ 예수께서 제자들에게 이르시되 내가 진실로 너희에게 이르노니 부자는 천국에 들어가기가 어려우니라[마 19:23]

○ 천국은 마치 품꾼을 얻어 포도원에 들여보내려고 이른 아침에 나간 집 주인과 같으니[마 20:1]

○ 천국은 마치 자기 아들을 위하여 혼인 잔치를 베푼 어떤 임금과 같으니[마 22:2]

○ 화 있을진저 외식하는 서기관들과 바리새인들이여 너희는 천국 문을 사람들 앞에서 닫고 너희도 들어가지 않고 들어가려 하는 자도 들어가지 못하게 하는도다[마 23:13]

○ 이 천국 복음이 모든 민족에게 증언되기 위하여 온 세상에 전파되리니 그제야 끝이 오리라[마 24:14]

○ 그 때에 천국은 마치 등을 들고 신랑을 맞으러 나간 열 처녀와 같다 하리니[마 25:1]

○ 주께서 나를 모든 악한 일에서 건져내시고 또 그의 천국에 들어가도록 구원하시리니 그에게 영광이 세세무궁토록 있을지어다 아멘[딤후 4:18]

지옥

○ 나는 너희에게 이르노니 형제에게 노하는 자마다 심판을 받게 되고 형제를 대하여 라가라 하는 자는 공회에 잡혀가게 되고 미련한 놈이라 하는 자는 지옥 불에 들어가게 되리라[마 5:22]

○ 만일 네 오른 눈이 너로 실족하게 하거든 빼어 내버리라 네 백체 중 하나가 없어지고 온몸이 지옥에 던져지지 않는 것이 유익하며[마 5:29]

○ 또한 만일 네 오른손이 너로 실족하게 하거든 찍어 내버리라 네 백체 중 하나가 없어지고 온몸이 지옥에 던져지지 않는 것이 유익하니라[마 5:30]

○ 몸은 죽여도 영혼은 능히 죽이지 못하는 자들을 두려워하지 말고 오직 몸과 영혼을 능히 지옥에 멸하실 수 있는 이를 두려워하라[마 10:28]

○ 만일 네 눈이 너를 범죄하게 하거든 빼어 내버리라 한 눈으로 영생에 들어가는 것이 두 눈을 가지고 지옥 불에 던져지는 것보다 나으니라[마 18:9]

○ 화 있을진저 외식하는 서기관들과 바리새인들이여 너희는 교인 한 사람을 얻기 위하여 바다와 육지를 두루 다니다가 생기면 너희

보다 배나 더 지옥 자식이 되게 하는도다[마 23:15]

○ 뱀들아 독사의 새끼들아 너희가 어떻게 지옥의 판결을 피하겠느냐[마 23:33]

○ 만일 네 손이 너를 범죄하게 하거든 찍어버리라 장애인으로 영생에 들어가는 것이 두 손을 가지고 지옥 곧 꺼지지 않는 불에 들어가는 것보다 나으니라[막 9:43]

○ 만일 네 발이 너를 범죄하게 하거든 찍어버리라 다리 저는 자로 영생에 들어가는 것이 두 발을 가지고 지옥에 던져지는 것보다 나으니라[막 9:45]

○ 만일 네 눈이 너를 범죄하게 하거든 빼버리라 한 눈으로 하나님의 나라에 들어가는 것이 두 눈을 가지고 지옥에 던져지는 것보다 나으니라[막 9:47]

○ 마땅히 두려워할 자를 내가 너희에게 보이리니 곧 죽인 후에 또한 지옥에 던져 넣는 권세 있는 그를 두려워하라 내가 참으로 너희에게 이르노니 그를 두려워하라[눅 12:5]

○ 혀는 곧 불이요 불의의 세계라 혀는 우리 지체 중에서 온몸을 더럽히고 삶의 수레바퀴를 불사르나니 그 사르는 것이 지옥 불에서 나느니라[약 3:6]

○ 하나님이 범죄한 천사들을 용서하지 아니하시고 지옥에 던져 어두운 구덩이에 두어 심판 때까지 지키게 하셨으며[벧후 2:4]

역자 후기

"대부분의 그리스도인들이 천국을 생각하지 않으면서,
기독교는 힘을 잃어 가게 되었다!"
최고의 기독변증가, C. S. 루이스

육이오 사변 후, 대한민국은 전 국토가 피폐화되고, 많은 국민들은 하루하루의 생존을 걱정해야 하는 절박한 시절이 있었습니다. 60년대까지 전 국민이 다른 나라의 인도적 원조에 의존하며, 일상의 고통을 감내하고 살아낸 고난의 시절이었습니다.

그 시절, 한국교회는 모진 고통을 견디고 있는 국민들에게 천국 소망을 전해주는 기관이었고, 우리의 인생이 이 땅에서

허무하게 끝나는 것이 아니라, 진정으로 영원한 하늘나라가 있다는 '기쁨의 복음'을 선포하는 유일한 공동체였습니다. 오직 예수 그리스도를 통해서만 들어갈 수 있고, 우주 만물을 창조하신 하나님께서 사랑과 공의로 통치하시는 '절대 진리의 왕국'이라고 선포했습니다.

그래서 생활이 가난해도 하늘나라를 바랐습니다. 현실이 고통스러워도 천국 소망이 있었습니다. 하루하루를 성실하고 감사하게 오직 믿음으로 살아가며, 우리 주 예수 그리스도가 양팔을 벌려 맞아주시는, 그날을 꿈꾸며 살았습니다.

그런데, 세월이 흘러서 한국교회가 부강해졌습니다. 7~80년대를 거치며, 국가 경제와 함께 한국교회도 부유하게 되었습니다. 교회는 사람들이 넘치고, 물질이 넘치고, 행사가 넘쳤습니다. 드디어 수십만 명의 단일 교회 교인 수를 자랑하고, 수만 명이 동시에 들어가는 교회 건물을 자랑하기 시작하면서, 한국교회가 세상의 재물을 사랑하고, 명예를 좋아하고, 권력에 애착을 갖기 시작했습니다.

교계 지도자들뿐 아니라, 평범한 신자들까지 일상의 풍요로움과 넉넉함을 누리게 되면서, 성경 말씀의 본질을 잃어버리고, 교회의 본질이 비진리로 변질되었습니다. 많은 신자들이 천국을 바라지도, 생각하지도 않으면서, 한국교회는 당연히 힘을 잃어가게 되었습니다. 지금 이 땅에서 일시적으로 누리는 것들이 영원할 것 같은 모진 착각 속에서, 세상을 초월해야만 하는 기독교는 그 힘을 잃어버리게 되었습니다. 한국교회는 오히려 세상 사람들의 손가락질과 조롱의 대상이 되고, 주님의 말씀처럼 '맛을 잃은 소금'으로 땅에 버려져 밟히고 있을 뿐입니다.

'제2의 성경'이라고 할 수 있는 「천로역정」의 저자, 존 번연은 이러한 영적 위기의 시대에 우리에게 "천국을 갈망하라"고 강력히 선포합니다. 바로 그 「천로역정」의 씨앗이었던, 이 작은 책자 「하늘 가는 순례자」를 통해서 존 번연은 지금의 독자들에게 천국을 향하여 "상을 받도록 질주하고, 매진하고, 지속적으로 달음질하라"고 혼신을 다하여 촉구하고 있습니다.

이 작지만, 강력한 책자는 현실에 안주安住하고 있던 당신에게 강한 영적 자극이 될 것이며, 다시금 잃었던 천국 소망으로 심령이 채워질 것입니다. 최고의 기독변증가로 사역했던 C. S. 루이스Clive Staples Lewis도 역시 우리에게 똑같이 촉구하고 있습니다.

“천국을 소망하십시오. 천국을 지향하면 세상을 ‘덤으로’ 얻을 것입니다. 그러나 세상을 지향하면 천국과 세상 둘 다 잃을 것입니다. 우리는 문명 이상의 것을 바라는 법을 배워야 합니다. 문명 이상의 것이 무엇입니까? 문명이 사라져도 남는 영원한 세계, 즉 ‘천국天國’ 입니다. 천국을 소망하는 깊은 갈망이 세상의 다른 욕망들에 의해서 사라지거나 밀려나지 않게 하는 것이 오늘 여러분이 해야 할 가장 중요한 일입니다.”

한국교회에서도 어린 시절부터 수십 년간 불렀던, 20세기 복음주의 기독교 음악에 큰 영향을 끼친 작곡가 존 윌라드 피터슨John Willard Perterson의 천국 소망을 위한 노래 한 곡을 소개하면서 역자 후기를 마치려 합니다.

노래하는 순례자

[하늘의 곡조 울리니]

하늘의 곡조 울리니 내 마음 기쁘도다
아름다운 멜로디로 날마다 주 찬양해
노래하는 순례자 구주의 손 잡고
약속의 땅 찾아서 길 가는 순례자

주께서 내 짐 지시니 발걸음 가벼웁다
주님의 그 크신 은혜 날마다 찬양하리
노래하는 순례자 구주의 손 잡고
약속의 땅 찾아서 길 가는 순례자

언젠가 강 건너 주를 기쁘게 만나리니
순례자 나가는 길엔 두려움 없으리라
노래하는 순례자 구주의 손 잡고
약속의 땅 찾아서 길 가는 순례자